AF465103

LESAGE

LES GRANDS ÉCRIVAINS FRANÇAIS

EN VENTE :

VICTOR COUSIN, par M. *Jules Simon*, de l'Académie française.

MADAME DE SÉVIGNÉ, par M. *Gaston Boissier*, de l'Académie française.

MONTESQUIEU, par M. *Albert Sorel*, de l'Institut.

GEORGE SAND, par M. *E. Caro*, de l'Académie française.

TURGOT, par M. *Léon Say*, député, de l'Académie française.

THIERS, par M. *P. de Rémusat*, sénateur, de l'Institut.

D'ALEMBERT, par M. *Joseph Bertrand*, de l'Académie française. secrétaire perpétuel de l'Académie des sciences.

VAUVENARGUES, par M. *Maurice Paléologue*.

MADAME DE STAEL, par M. *Albert Sorel*, de l'Institut.

THÉOPHILE GAUTIER, par M. *Maxime Du Camp*, de l'Académie française.

BERNARDIN DE SAINT-PIERRE, par M. *Arvède Barine*.

MADAME DE LA FAYETTE, par le comte *d'Haussonville*, de l'Académie française.

MIRABEAU, par M. *Edmond Rousse*, de l'Académie française.

RUTEBEUF, par M. *Clédat*, professeur de Faculté.

STENDHAL, par M. *Édouard Rod*.

ALFRED DE VIGNY, par M. *Maurice Paléologue*.

BOILEAU, par M. *G. Lanson*.

CHATEAUBRIAND, par M. *de Lescure*.

FÉNELON, par M. *Paul Janet*, de l'Institut.

SAINT-SIMON, par M. *Gaston Boissier*, de l'Académie française.

RABELAIS, par M. *René Millet*.

J.-J. ROUSSEAU, par M. *Arthur Chuquet*.

Chaque volume, avec un portrait en héliogravure. . . 2 fr.

Coulommiers. — Imp. PAUL BRODARD.

Alain René Le Sage

J. B. Guelard pinx. et Sculp. — ex. C. P. R.

LES GRANDS ÉCRIVAINS FRANÇAIS

LESAGE

PAR

EUGÈNE LINTILHAC

PARIS
LIBRAIRIE HACHETTE ET Cie
79, BOULEVARD SAINT-GERMAIN, 79

—

1893

LESAGE

INTRODUCTION

L'HOMME ET L'AUTEUR

Vers 1692, deux vrais amis vivaient au quartier latin. Ils s'étaient rencontrés dans le collège des jésuites où ils étaient venus, l'un d'Auvergne, l'autre de Bretagne, terminer leurs études. Une même médiocrité de naissance et de ressources, les affinités réciproques de leurs races, et une commune nécessité de se faire jour avaient facilité entre nos deux provinciaux une intime amitié que devait cimenter de part et d'autre une honnêteté à l'épreuve du temps, des hommes et de la vanité littéraire.

Mais déjà l'Auvergnat était sur le chemin des honneurs et des profits. Il venait de briller dans la rhétorique du P. de Jouvency : il avait même eu l'insigne gloire de faire partie de cette élite d'élèves que M. Hersan honorait de ses conseils particuliers, et qu'il offrait en modèle aux rejetons des grandes familles. Il donnait des leçons payées et, quoiqu'il achevât à peine sa vingt et unième année, on lui faisait espérer la chaire de rhétorique du collège de Chartres. Le plus brillant avenir universitaire miroitait devant lui. Mais il en rêvait secrètement un autre. En dépit de l'air naïf que lui donnaient ses gros yeux et sa bouche béante d'ordinaire, il n'était rien moins qu'un sot. Sa pièce de vers latins sur la prise de Mons avait éclipsé toutes ses rivales, en attirant sur son auteur cette attention du P. de la Chaise, qui s'était refusée jadis aux suppliques en vers français du grand Corneille. La gloire littéraire l'appelait déjà à voix basse, mais du ton dont elle parle au cœur d'un lauréat. Il faisait ses confidences à son ami, son aîné de trois ans, dont il avait deviné la vocation littéraire. Il s'employait de son mieux à la lui révéler et c'est même son titre unique à notre attention, car le jeune bas-Breton auquel il soufflait l'ambition d'auteur s'appelait Alain-René Lesage.

Laissons donc partir Danchet pour sa rhétorique de Chartres, et abandonnons-le sans inquiétude à l'humeur tenace et grimpante qui caractérise ses compatriotes. Il rimera avec opportunité de jolis riens, de solennels opéras et d'honnêtes tragédies, plaidera et gagnera ses procès, entrera enfin aux Académies, et nous le retrouverons qui apposera sa griffe de censeur, en faisant patte de velours, au bas des romans et des pièces de son vieil ami, dont il aura fait un auteur, ce qui est son meilleur ouvrage.

Le futur et caustique père de Gil Blas sortait d'une famille de robins, comme Boileau. Claude Lesage, « notaire royal et greffier de la cour royale de Rhuys » (*sic*), qui signe *noble homme* à son mariage, en tant que sieur du domaine de Kerbistoul, acquis par son père Jacques Lesage, et demoiselle Jeanne Brenugat, fille du procureur de la ville de Redon, qu'elle habita jusqu'en 1665, s'étant trouvés compère et commère à un baptême au pays de Sarzeau, le 13 janvier 1665, s'y étaient épousés le 20 septembre de la même année, et avaient apposé le 13 décembre 1668 leurs signatures au bas de l'acte de naissance de leur fils *Allain-René* Lesage. Puis ils avaient quitté ce monde, Jeanne le 11 septembre 1677, Claude le 24 décembre 1682. L'orphelin de quatorze ans avait été mis au collège de Vannes, que les jésuites dirigeaient avec succès depuis un demi-siècle. Comme il dut se sentir perdu parmi ce millier d'élèves ! Heureusement le principal, l'abbé Bochart, l'ayant distingué, lui accorda une affection qu'il méritait sans doute, mais qu'il n'eût évidemment pas trouvée parmi les membres de sa famille. Nous constatons en effet que ses deux oncles, son tuteur et son curateur, le pillaient à qui mieux mieux, suivant la règle, et que, les créanciers de maître Claude aidant, son patrimoine fondit entre leurs mains.

Expédié sur Paris pour y couronner par de vagues études de philosophie les classes faites au collège de Vannes, Alain-René avait été mis ensuite au droit. Il allait même se parer du titre d'avocat vers l'époque où l'ami Danchet était investi à Chartres de celui de professeur, en attendant que, réalisant leur rêve d'étudiants, ils se retrouvassent l'un et l'autre à Paris et auteurs.

Si nous en croyons ces deux frères qui prirent sur leurs contemporains des notes précieuses mais parfois indiscrètes, Lesage se serait hâté de combler le vide que laissait dans son cœur le départ de Danchet. « Le printemps de M. Lesage, nous content les frères Parfaict, ne fut point marqué par des erreurs assez ordinaires à cette saison de l'âge : une femme de condition lui donna son cœur et lui fit part d'une fortune, qui, toute bornée qu'elle était, parut considérable, vis-à-vis celle de ce jeune auteur. » Hâtons-nous d'ajouter qu'ils donnent le fait comme antérieur à son mariage. Ce n'est d'ailleurs pas à son prestige littéraire qu'il devait cette bonne fortune, le *jeune auteur* n'ayant encore rien écrit. Mais il passait pour un beau garçon. Il était bien pris dans sa taille moyenne. La finesse de sa bouche et le bleu de ses yeux tempéraient, par un air de douceur et de retenue, l'impression de gravité que donnaient au reste de sa physionomie ses traits accentués, un masque un peu massif, et un regard aigu sous des sourcils épais et bien arqués comme ceux de Molière. Voilà une première excuse pour la

« femme de condition ». Et puis elle était peut-être une cliente et l'obligée du jeune avocat. Peut-être aussi n'y eut-il là tout simplement qu'une de ces banales aventures de précepteur bien tourné, comme nous en contera le Bachelier de Salamanque, et dont Danchet aurait été la cause première, en cédant à Lesage un de ses nombreux élèves. Reste le partage du cœur et de la bourse : mais qui ne sait avec quelle facilité presque inévitable, l'abandon de l'un entraînait vite, en ce temps-là, l'offre de l'autre? D'ailleurs on peut être sûr qu'il n'eut jamais recours pour vivre aux recettes du *Chevalier à la mode*, celui qui passera pour avoir refusé soixante mille livres plutôt que de retirer son *Turcaret* de la comédie. Dira-t-on que ce fait n'est pas assez prouvé? Il n'importe : on n'est le héros de ces légendes-là que quand on le mérite. Gardons-nous donc de faire ici à Lesage l'injure d'un rapprochement avec le protégé de Mme de Warens. En somme cet unique roman de sa vie fut mince et ne dura guère au delà d'un an, si même il exista jamais. Les frères Parfaict ajoutent en effet : « Nous ignorons les événements qui suivirent ce commerce amoureux; mais enfin la mort ou l'éloignement de cette dame terminèrent cette aventure. Cet amour passager fit place à une passion très vive.... » Cette passion dura aussi longtemps que sa vie, et elle eut pour objet sa femme.

Le 28 septembre 1694, maître Lesage, *avocat*, ayant obtenu dispense de publications de bans, menait à l'autel de Saint-Sulpice, avec toute la hâte de Gil Blas amoureux de la belle Antonia, Marie-Élisabeth Huyard, fille d'André Huyard, bourgeois de Paris, et de Marie Carlos, demeurant rue du Vieux-Colombier, comme leur gendre. Il avait fondé un foyer, mais où le fixa-t-il? Entre le 31 juillet 1695 et le 24 juillet 1698, dates où il signe sur les registres de Saint-Sulpice, la première fois, du titre d' « avocat », la seconde de celui de « bourgeois de Paris », les actes de baptême de ses deux aînés, René-André et Julien-François, vécut-il dans quelque province d'un emploi dans les fermes, y amassant comme La Bruyère une inépuisable rancune contre les gens de finance? Une tradition le veut. Elle n'a contre elle que le témoignage d'un de ses fils, vaguement rapporté par ses éditeurs de 1783, et d'ailleurs postérieur aux faits de près d'un siècle. Elle a pour elle sa persistance et le mérite de fournir un intéressant commentaire à *Turcaret* et à cent passages des œuvres de notre auteur. Tenons-la pour fondée. Donc il ne plaidait plus, si tant est qu'il ait jamais plaidé, mais il écrivait déjà.

Dès la première année de son ménage, en même temps qu'il faisait inscrire son premier-né à Saint-Sulpice, il donnait l'essor à son premier livre. En 1695, Danchet avait en effet la satisfaction de voir son ami débuter dans le métier d'auteur et lui envoyer du fond de quelque province les *Lettres galantes d'Aristénète* pour les faire paraître à Chartres, sous la rubrique d'Amsterdam. Ayant déserté lui-même sa chaire de Chartres l'année suivante pour arracher, comme dira Fabrice, « un galant homme à l'Université », et courir du bel esprit la carrière épineuse, il était rejoint, deux ans après, dans la capitale, par son ami, qui, délaissant résolument le barreau et la régie, signait désormais *bourgeois de Paris*. C'est sur la littérature que ce bourgeois allait fonder en partie sa cuisine : notons ce trait qui n'était guère bourgeois alors. Joignons-y d'ailleurs 600 livres de rente que lui faisait l'abbé Jules de Lyonne, fils du grand ministre Hugues de Lyonne.

C'était un drôle de corps, mais une bonne âme que cet abbé. Saint-Simon, qui décerne tant d'éloges au père et les fait payer cher à ses fils, nous apprend que celui-ci avait été « débauché et accusé de vendre ses collations », et qu'on l'avait nanti d'un certain tuteur du nom d'Henriau dont il nous dit d'ailleurs pis que pendre. En tout cas, lorsque Jules de Lyonne se fit le protecteur de Lesage, il en était, en fait de débauches, au régime de plus de vingt pintes d'eau de Seine qu'il absorba chaque matin et vingt ans durant, avec toute la ferveur qu'il fallait pour servir de modèle aux clients du docteur Sangrado, dans *Gil Blas*. D'autre part, ni les rapines de ce tuteur fripon, que nous retrouverons évêque par la grâce de Tellier et de Pontchartrain, ni les pertes de jeu de l'abbé, ne l'empêchèrent de renter Lesage et fort régulièrement. Nous savons en effet que notre auteur, plus heureux que son héros Fabrice avec le seigneur don Bertrand, toucha les 600 livres jusqu'à la mort du bon abbé, laquelle survint en 1715, l'année même où paraissait *Gil Blas*. Enfin le terrible duc nous accorde que Jules de Lyonne « ne laissait pas d'avoir de l'esprit et des lettres », et c'est même de ce chef, comme nous le verrons bientôt, que le futur auteur de *Gil Blas* lui aura le plus d'obligation. Mais à qui devait-il cette précieuse connaissance? Ne serait-ce pas au frère de l'abbé, à Louis de Lyonne, hôte assidu du jardin des Tuileries et d'autres rendez-vous littéraires, où « il passait sa très obscure vie avec *les nouvellistes de Paris* »? Or Lesage devait être alors l'un de ces derniers, ainsi que le prouvent toutes ses œuvres, où il apparaît comme à l'affût de toutes les nouveautés et atteint le sublime du nouvelliste. Ce qui est certain c'est que s'il avait trouvé un Mécène, il ne l'avait acheté par aucune bassesse.

Une anecdote justement fameuse nous servira de caution sur ce point; elle peint d'ailleurs l'homme au vif. Employant une tactique qu'imitera Beaumarchais pour son *Mariage de Figaro*, Lesage, après avoir écrit son audacieux *Turcaret*, et avant de le risquer sur la scène, promenait son manuscrit à travers les salons, tâtant et préparant le public. Au cours de cette campagne de lectures, arrivant un jour chez la duchesse de Bouillon, après un retard causé par un procès en cours, il s'entendait reprocher, sur le mode aigrelet, d'avoir fait perdre une heure à la compagnie; sur quoi, avec un beau sang-froid, notre homme s'excusait en ces termes : « Eh bien, Madame, je vais vous faire gagner deux heures », et d'enfiler l'escalier, en écartant, avec un entêtement bas-breton, le peloton des officieux qui, l'ayant rattrapé, essayaient, avec les mines les plus câlines du monde, de le ramener au salon. Collé, de qui nous tenons l'anecdote, ajoute avec sa malignité connue à l'adresse de ses confrères : « Si les auteurs étaient moins bas, les protecteurs ne seraient point insolents ; on n'écrase que les bêtes qui rampent ».

Il ne faudrait pas pourtant, sur la foi de cette anecdote, se figurer Lesage comme un auteur ombrageux, et encore moins s'imaginer qu'il cherchât dans des boutades sarcastiques, lâchées à travers le beau monde, un supplément de célébrité, comme fera parfois Jean-Jacques, dans ses accès d'humeur plébéienne. Lesage est un bourgeois qui sait assez le monde, et son caractère a un fond de bonhomie qui eût au besoin pallié les défauts de son éducation. Mais aucun sacrifice ne lui coûtait pour s'assurer une indépendance qui lui paraissait la condition nécessaire de sa dignité personnelle. Il se sauvera, s'il le faut, jusqu'à la Foire. Il en préférera le préau aux coulisses de la comédie, et viendra s'y affranchir de la morgue des comédiens du roi, comme il a pris la porte de la rue plutôt que d'essuyer les avanies des duchesses. Il aime mieux louer par contrat sa muse comique à la veuve Baron, entrepreneuse de spectacles forains, que de se faire pousser vers les pensions et l'Académie par

Mme de Bouillon, en meublant son salon à heure fixe. Persécuté jusque dans les baraques de la Foire, il s'en ira acheter tout bonnement, un beau jour, une douzaine de marionnettes, s'installera au *Théâtre des marionnettes étrangères*, et se fera le poète officiel de « Jean Polichinelle de Rome, oncle et *légataire universel* de Mme Perrette la foire », c'est-à-dire escorté des hautes personnes d'Arlequin, de Pierrot et de Colombine, qui ne perdirent rien de leur verve pour être en bois. Et le public y courra, le Régent en tête. Les marionnettes d'ailleurs sont coutumières du fait, et ne les voyons-nous pas de nos jours, soufflées par de délicats poètes, opérer un semblable miracle? L'esprit et la poésie sont de grands magiciens, et on donne la comédie où l'on peut, pourvu que ce soit en liberté.

Ainsi pensait Lesage. Dans le roman comme au théâtre, il ne laissera imposer d'autre joug à son talent que celui de son honnêteté. On en a une preuve remarquable. C'était une bien curieuse matière à mettre en roman que les aventures de Marie Petit. Ex-croupière de la rue Mazarine, elle a suivi, en qualité d'ambassadrice de poche, Fabre, l'envoyé de Louis XIV au chah de Perse. Fabre ayant été croisé, chemin faisant, et même empoisonné, insinuait-on, par le comte de Ferriol, notre ambassadeur à Constantinople, lequel jouait au sultan et, avant de nous amener Mlle Aïssé, avait jeté le mouchoir à Mme Fabre, la vraie, Marie Petit aurait continué l'ambassade pour son compte, sous un travesti, et flanquée du propre fils de Fabre, elle serait allée représenter le Roi Soleil à la cour de Perse. Et Lesage a sous la main les propres mémoires de l'héroïne, où elle apparaît comme « une nouvelle fiancée du roi de Garbe »! Mais Pontchartrain lui communique les papiers de la partie adverse. La demoiselle Petit y est présentée comme une aventurière qui a payé, pour atteindre la Perse, tous les péages qu'exigeait dans les divers sérails de la route « la chasteté des Levantins », notamment chez le vieux kan d'Érivan. Adieu alors le beau roman de cette « Chariclée », devenue « la Cléopâtre du Bourbonnais ». « La plume que je tenais prête à justifier une femme qui me paraissait pouvoir n'être pas si coupable, me tombe des mains, écrit Lesage au ministre, et je ne vois plus qu'une aventurière dont la vie me semble moins digne d'être offerte à la curiosité des hommes, que dérobée à leur connaissance. » Mais, dira-t-on, ces scrupules de l'historien de la Clarice de *Gil Blas* et autres pires héroïnes font voir trop de délicatesse. Ils prouvent simplement et clairement que Lesage, qui prendra toutes les libertés de son art dans le roman donné pour roman, savait s'interdire un succès de scandale, et respecter la vérité dans l'histoire. Là encore il peut servir de modèle.

Le grand secret de cette honnêteté est dans le bonheur qu'il trouvait à son foyer, au témoignage unanime de ses historiens. C'est dans sa maison de ce paisible faubourg Saint-Jacques où avait aussi habité le bon Perrault, près de sa douce Élisabeth, qu'on aime à se figurer, avec la simplicité et la grâce de la belle Antonia, modestement vêtue de serge comme elle, et ayant pour toute coiffure, aux plus beaux jours de fête, « ses cheveux seulement noués par derrière avec un bouquet de fleurs à la façon des Lacédémoniennes », c'est là, dans le cercle espiègle de ses quatre enfants, tantôt au fond du joli jardin fleuri, vu par Spence, dans le *cabinet d'été* où il écrivait *Gil Blas* pour la postérité, qu'il fut heureux, fier et fort, loin des fâcheux et des servitudes de tous les mondes, se consolant des besognes hâtives, mais alimentaires, par la joie intime de polir à loisir un immortel chef-d'œuvre. Voilà la pure source de cette santé du corps et de l'esprit dont témoignent ses contemporains et ses œuvres. Ajoutons-y le plaisir bourgeois sans doute, mais plus délicat alors qu'aujourd'hui, de s'arrêter parfois dans les cafés où l'emmenait Danchet.

Il s'y postait comme Molière, chez le barbier de Pézenas, n'en déplaise à Joubert qui, avec un dédain bien transcendant, a risqué ceci : « On peut dire des romans de Lesage qu'ils ont l'air d'avoir été écrits dans un café, par un joueur de dominos, en sortant de la comédie ». Au reste il ne dédaignait pas d'y parler à son écot. Ainsi, quand son fils aîné, l'acteur Montmesnil, auquel il a un jour pardonné son métier en faveur de son talent, est de service à la comédie, Lesage s'installe pour attendre sa sortie dans le café voisin, chez Procope, par exemple, ou bien il descend jusque chez la veuve Laurent, où Danchet pérore, comme Fabrice chez les marchands de liqueur de Madrid. A peu près sourd depuis la quarantaine — étant d'ailleurs le seul sourd qu'on ait vu gai, au dire de Voisenon, — quand les propos du cercle lui paraissent aller bon train et qu'il espère entendre des gens d'esprit, il s'arme de son cornet acoustique et donne la réplique à Danchet. Puis il s'anime et prend le dé de la conversation : quelle verve alors! les délicieuses saillies que lance sa belle voix et que souligne son fin sourire! On fait le grand rond autour de lui, on monte sur les chaises, sur les tables, et le bonhomme peut lire sur tous les visages cette expression de bienveillance admirative que le public prend auprès des grands hommes et qui est comme le sourire de la gloire. Le tableau était exquis et le crayon de Feillet nous l'a finement rendu. Mais vienne un fâcheux, quelque suppôt de Voltaire ou quelque doublure de J.-B. Rousseau, et aussitôt le cornet, le *bienfaiteur*, comme il l'appelle, fera son office, en disparaissant discrètement dans la poche de l'habit, et en laissant Lesage seul avec lui-même.

C'est avec cette discrétion et cette bonhomie qu'il gouverna toute sa vie. Elle eut une régularité si naturelle qu'elle fut rythmée, pour ainsi dire, jusqu'au bout, par le jeu de ses organes. Dans son extrême vieillesse, sa sensibilité et son esprit croissaient et déclinaient avec le cours du soleil, au rapport du comte de Tressan qui le vit à Boulogne, chez son deuxième fils le chanoine. Après dîner, quand les rayons du soleil entraient largement par une fenêtre du premier et unique étage de la maisonnette, Lesage retrouvait encore assez de verve pour « amuser extrêmement » Voisenon lui-même.

C'est là qu'il s'éteignit, un soir d'hiver, le 17 novembre 1747, entouré de sa femme, de sa fille et de son fils le chanoine. Montmesnil était mort quatre ans auparavant, au cours d'une partie de chasse, et c'est même à la suite de cet accident que Lesage s'était retiré chez son fils cadet. Le troisième, Pittenec, acteur lui aussi, courait les provinces avec des troupes de campagne. Comme le chanoine n'était pas riche, ayant même eu besoin d'une pension de la Pompadour pour soutenir ses vieux parents et sa sœur, le gouverneur de Boulogne, qui se trouva être le comte de Tressan, le fécond arrangeur de « la Bibliothèque des romans », crut devoir faire à un tel confrère des funérailles dignes de sa gloire, mais qui eussent déplu à sa modestie. Le chanoine mourut en 1762, et l'acte de décès de sa sœur, « pensionnaire à l'hôpital de Boulogne », est du 21 septembre 1779. Dame Marie-Élisabeth Huyard, la fidèle compagne de Lesage, l'avait rejoint au cimetière de Boulogne en 1752. Outre son fils le chanoine, était présent à son inhumation le fils de Pittenec, « M. Lesage clerc tonsuré », avec lequel s'éteindra la descendance directe du père de Gil Blas.

Lesage mourait pauvre, mais il s'était toujours gardé de la vie de bohème, et il avait rempli bourgeoisement, c'est-à-dire scrupuleusement, ses devoirs de père et de chrétien, soignant l'éducation de ses enfants, fidèle à son foyer et à sa religion. Ses succès n'avaient jamais altéré sa bonhomie; mais nous avons vu qu'il avait eu à l'occasion toute la fierté de son talent, en face des insolences ou des séductions de la naissance et de la richesse. On lui a reproché à la légère d'avoir fait, un des premiers, de la profession d'auteur un métier pour vivre, mais par les sacrifices vraiment héroïques que lui coûtèrent son indépendance et sa dignité d'écrivain, il honora les lettres autant qu'il les illustra par ses talents. Puisse-t-il rester le modèle de tous les auteurs qui voudront fonder sur le travail de leur plume, tout ensemble et comme de juste, leur cuisine et leur gloire!

Il ne fut pas de l'Académie et il ne chercha pas à en être. Voici à ce sujet un passage du *Mélange* qui a l'accent d'une confidence personnelle :

> Un de messieurs les *Quarante* exhortait un bon auteur de ses amis à briguer une place qui vaquait à l'Académie française. « Pourquoi, lui disait-il, ne vous mettez-vous pas sur les rangs? Je sais ce que mes confrères pensent de votre façon d'écrire, et je me fais fort de vous ouvrir la porte de l'Académie quand il vous plaira. Il n'est pas besoin que je vous dise que d'y être reçu, c'est le plus grand honneur auquel un homme de lettres puisse prétendre. — J'en conviens, répondit modestement l'auteur; et je vous avouerai de bonne foi que, ne me croyant pas digne d'une pareille place, je crois devoir prendre le parti d'y renoncer. Content de voir mes ouvrages en quelque estime dans le monde, je borne ma gloire à pouvoir conserver ma petite réputation. »

Cette défaite, trop modeste, n'était pas le véritable motif de l'abstention de Lesage. Ne serait-ce pas plutôt qu'il avait sur la conscience ses satires mordantes contre tout un groupe d'académiciens, plus ou moins diseurs de phébus, qui font les frais de l'Académie de Tolède et de la *Crusca*, dans *le Diable boiteux*, ou de celle de *Petapa* dans *le Bachelier*, contre Fontenelle, notamment, l'hôte le plus désigné et toujours vivant du salon de la marquise de Chaves, et contre Voltaire qui était en passe de devenir un sujet académique, en dépit de Gros de Boze, et qui comptait déjà de puissants amis parmi « messieurs les Quarante » ? Au fond, l'auteur de *Gil Blas* se savait digne de l'Académie comme elle le croyait digne d'elle, et c'est ce qu'elle prouva encore mieux que par les avances de Danchet, le 25 août 1821, en mettant son éloge au concours. Le résultat en fut assez brillant pour que l'Académie, Lesage et le public y trouvassent leur compte.

Telle est la physionomie de notre auteur, d'après les vagues croquis du temps, et voilà dans quelle mesure, sans abuser des conjectures, nous pouvons suppléer au silence modeste de cet observateur des mœurs et des caractères qui, comme La Bruyère, n'a guère oublié dans sa galerie qu'un portrait, celui du peintre. Quant à pénétrer plus avant dans sa vie, il y faut renoncer et s'en consoler en songeant qu'elle fut sans doute assez heureuse pour n'avoir pas d'histoire. Sinon eût-il pu nous la cacher? Il a été pendant plus d'un demi-siècle « bourgeois de Paris », et son nom fut connu, célèbre même, dès *le Diable boiteux*. Or de tant d'années d'une existence que la notoriété littéraire signala d'assez bonne heure à la curiosité parisienne, il nous reste pour tous documents, ses œuvres exceptées, quelques actes de l'état civil, deux lettres autographes et une demi-douzaine d'anecdotes de gazetiers ou de préfaciers posthumes. D'autre part, le peu que les patientes recherches de ses dévots nous ont appris sur le milieu breton où s'écoula sa première jeunesse est insignifiant en soi et d'ailleurs sans rapport visible avec la nature de son talent. Si nous entrons un peu dans son intimité, c'est à la veille de sa mort et alors seulement que ce talent était presque épuisé. Ce n'est donc pas sa vie qui nous expliquera son œuvre. Prenons-en notre parti. Ce faiseur de romans n'en eut guère dans sa bourgeoise existence. Cet observateur fut si occupé à observer les autres dans les livres et surtout dans la vie, qu'il n'eut ni le temps ni la curiosité de se regarder vivre lui-même, ayant passé, pour ainsi dire, sa vie à la fenêtre. Dès lors, à quoi bon une plus ample histoire de sa vie, si nous pouvions conter par le menu celle de son esprit?

PREMIÈRE PARTIE

L'ŒUVRE

CHAPITRE I

SES TROIS MANIÈRES — PÉRIODE DE TATONNEMENTS

En cherchant à mesurer l'originalité de Lesage dans la suite de ses œuvres, nous avons été frappé de la voir croître et s'avancer vers sa plénitude, d'un mouvement régulier, sagement accéléré, qui offre, dans ses romans et dans son théâtre, un piquant parallélisme. Des *Lettres d'Aristénète* à *Don César Ursin*, ses œuvres sont des traductions de plus en plus libres. Avec la pièce de *Crispin rival de son maître* et le roman du *Diable boiteux*, donnés coup sur coup et la même année, il n'emprunte plus guère que leurs cadres à ses modèles et il les remplit à sa guise; il *adapte*, comme on dit aujourd'hui. Enfin il donne l'essor à toute son originalité, au théâtre comme dans le roman, avec *Turcaret* et *Gil Blas*.

Qu'il fasse ensuite du métier, comme dit Sainte-

Beuve, en généralisant beaucoup trop sa critique, qu'il prodigue sa verve aux forains, qu'il s'imite lui-même dans *Estévanille* ou dans *le Bachelier*, ou enfin qu'il se borne à retoucher Pétis de la Croix, Rosset, Beauchêne ou Brémond, ces éclipses apparentes et d'ailleurs très inégales de son originalité ne sont pas causées par des défaillances profondes de son talent. Elles trouvent leur humble explication dans l'étroit besoin de vivre et de faire vivre sa maisonnée. Qu'il soit resté d'ailleurs en pleine possession de son originalité jusqu'au bout de sa carrière, ou peu s'en faut, c'est ce que la quatrième partie de *Gil Blas*, parue en 1735, suffira à prouver.

• Expliquer comment Lesage avait conquis sa personnalité d'auteur dramatique et de romancier en passant par ces trois phases de la traduction, de l'adaptation et de l'invention que nous venons d'indiquer, et noter rapidement, pour surcroît d'information, comment il plia sa maîtrise à l'exécution rapide d'œuvres secondaires, ce sera avoir retracé toute l'histoire de son esprit.

Nous entrerons, au besoin, dans quelques détails, car nous ne connaissons pas, dans toute notre littérature classique, une autre occasion d'assister de si près aux tâtonnements, aux progrès et aux négligences d'un grand écrivain qui se cherche longtemps et, après s'être trouvé, en même temps qu'il s'affirme dans ses chefs-d'œuvre, s'abandonne curieusement dans des productions de commande destinées à donner à leur auteur du pain et le loisir nécessaire au reste de son œuvre. N'y a-t-il pas là une leçon pour le talent, un encouragement pour la modestie, une consolation pour la médiocrité et peut-être une satisfaction pour la malignité? C'est assez pour attirer l'attention de tout le monde.

I

Comme Corneille et Voltaire, et au grec près, Lesage paraît avoir fait, chez les jésuites, de solides humanités. On peut dire qu'il les continua, en écrivant son premier livre. La traduction des *Lettres d'Aristénète*, que lui conseilla son ami le professeur Danchet, fut comme une grande version supplémentaire où il allait achever de former son style. Il y réussira si bien, que, quarante ans plus tard, en revisant son opuscule, pour l'insérer tout entier dans *la Valise trouvée*, il y fera à peine quelques retouches. Par leur petit nombre et leur nature, ces retouches, fort curieuses, témoignent de la sûreté de sa langue dès ce coup d'essai, et aussi de certains scrupules très nécessaires de son goût dans sa maturité. Mais l'attrait principal de cet opuscule serait aux yeux de ses lecteurs, s'il en retrouve, dans d'exquis paysages qu'on y rencontre avec surprise et qui étaient sortis presque tout entiers de l'imagination du jeune auteur, par exemple celui qui orne certain billet de Philoplatanus à Anthocome (lettre III).

Vieilli, il fera du moins grâce à ces gentillesses, et il aura raison. Quant aux autres « un peu trop galantes », il les crut indignes de ses cheveux blancs, et il n'eut pas tort.

Aussi c'était la faute de Danchet. C'est l'auteur d'*Hésione* qui, s'abandonnant déjà à son goût pour les lieux communs de morale lubrique dont il allait farcir ses opéras et que Campra réchauffera des sons de sa musique, c'est lui qui avait révélé à son ami en quête d'un sujet ces galanteries ignorées d'un Grec de la décadence.

Remarquerons-nous que nos deux compères, même en mettant leur grec bout à bout, étaient incapables d'aller droit à l'original? Nous pourrions prouver qu'ils ne l'ont même pas regardé, en infligeant à notre auteur une collation avec la traduction latine de *Josias Mercerius* qui lui servit de modèle; mais faisons-lui grâce et aussi au lecteur.

D'ailleurs comme, à la lecture du seul latin du bon Josias, le débutant dut croire qu'il tenait un succès! Tout dans ce recueil respirait une volupté ingénieuse jusqu'à la préciosité, spirituelle jusque dans ses transports, et bien faite pour plaire également à cette société galante où trônait et parfilait Fontenelle, à ces coteries de diseurs de phébus que venait de tancer La Bruyère, et à ces cercles de nobles dames qui s'essayaient à mettre en féeries libertines nos vieux romans gaulois, en attendant ceux de Crébillon et de Laclos. Quel attrait pour tout ce beau monde, impatient des libertés prochaines de la Régence.

que ce recueil où *Hermocratès* nous conte la légende de la cruche cassée, et où à la licence tout antique de certaines *oaristys* s'oppose la naïveté de liaisons aussi innocentes et fidèles que celle de *Cydippe* et d'*Acontius*! Toute la gamme des accents de l'amour, défini « une parfaite liaison d'âmes et une fidèle correspondance de volontés », n'y était-elle pas touchée d'une main légère et savante, depuis la passion idéale d'un Pygmalion peintre pour la fille de son pinceau, jusqu'à des amourettes ancillaires, traitées dans ce goût espiègle qui allait s'étaler par exemple dans certaines gouaches de Baudouin, telles que *l'Épouse indiscrète* qui se trouve illustrer justement la lettre de *Terpsion* à *Polyclès*? N'y trouvait-on pas les plus fines analyses des mouvements d'un cœur amoureux triomphant ou dépité, les *rédemptions* passionnées d'anges déchus, tels que *Melissaria*, cette aïeule de *la Dame aux Camélias*, ou les manèges des coquettes de tout acabit, comme cette *Chelidonium* qui fait déjà si bien à son *Philonidès* la leçon de Manon à des Grieux et de Laure à Gil Blas? Enfin n'y descendait-on pas jusqu'au sujet des *Troqueurs* de La Fontaine, que devait remanier Vadé, avec les commères *Chrysis* et *Myrina*?

Le calcul n'était pas très candide, mais il échoua. L'opuscule passa inaperçu. On ne voit pas que Lesage lui en ait gardé rancune, bien au contraire, et quand il le présentera de nouveau au public, dans *la Valise trouvée*, les commentaires fort avisés des dames et des cavaliers qui en écoutent la lecture nous diront, spirituellement, toute sa tendresse pour ce premier-né de sa plume. Mais il allait employer à une meilleure besogne sa verve à l'essor.

II

Ce fut l'abbé de Lyonne qui, lui rendant le même service que Corneille avait reçu, dit-on, de M. de Chalon, l'attira vers la littérature espagnole. L'abbé en devait le goût à son père qui l'avait rapporté de son ambassade en Espagne. A cette influence certaine s'en ajouta-t-il d'autres, dans l'entourage de Lesage? On n'a pu l'établir. Mais, au fait, est-il besoin de recourir à des hypothèses pour expliquer qu'il se soit tourné dès lors avec tant de ferveur vers la littérature picaresque? Les conseils de l'abbé d'abord, son succès ensuite, y suffisent. Ajoutons-y la mode.

A vrai dire, l'influence de la littérature espagnole sur la nôtre n'avait jamais cessé depuis le temps de la reine Anne d'Autriche. Dans le dernier tiers du siècle, cette influence, toujours sensible, ne suscitait plus des chefs-d'œuvre comme *le Cid* ou *Don Juan*, mais Thomas Corneille, qui n'a pas moins « trafiqué en Espagne » que son aîné, continuait sans cesse son petit commerce d'importation, non content de versifier *Don Juan*. Douville traduisait encore la *Fouine de Séville*, en 1661;

et après que Mlle de Scudéry avait tiré sa fade *Almahide* des *Guerres civiles de Grenade*, Mme de la Fayette y puisait encore sa touchante *Zayde*; et enfin, en 1687, le P. Bouhours, dans sa *Manière de bien penser dans les ouvrages de l'esprit*, citait couramment les auteurs espagnols, notamment « le sublime Gracian », cet apôtre du *cultisme*, dont Gongora avait été le dieu et dont le Fabrice du *Gil Blas* sera le bouillant champion. D'autre part, comme au temps de la reine Anne et de Marie-Thérèse, la politique se faisait ici le véhicule de la littérature et forçait toutes les imaginations à voyager vers les Pyrénées. L'éventualité de la succession d'Espagne apparaissait menaçante. « Il s'élèvera une terrible guerre », écrivait la duchesse d'Orléans dès 1699. On était avide de détails sur *les choses d'Espagne*. On recherchait et on traduisait avec avidité ces anciens libelles relatifs aux ministères de Lerme et d'Olivarès, où nous verrons l'auteur de *Gil Blas* puiser sans vergogne. La *Relation du voyage d'Espagne*, de Mme d'Aulnoy, était dans toutes les mains. Enfin nous savons que Mme de Coulanges n'avait pas gardé pour elle seule les lettres où la marquise de Villars, femme de notre ambassadeur en Espagne, lui décrivait d'un style si précis, si alerte et si coloré les mœurs de la ville et de la cour de Madrid. On peut même compter Lesage parmi les privilégiés qui lurent et admirèrent, après La Rochefoucauld et Mmes de Sévigné et de la Fayette, les lettres de la spirituelle ambassadrice. N'était-il pas lié avec le propre fils de la marquise de Villars, le vainqueur de Denain, qui lui avait même offert de le prendre pour secrétaire?

En cherchant, après tant d'autres, son bien en Espagne, Lesage alla d'abord et naturellement tout droit à ce théâtre que Corneille et Molière avaient honoré de leurs emprunts. Mais il avait un tout autre dessein que celui de marcher aveuglément sur ces traces illustres, et il écrivit, en 1700, une préface « uniquement pour faire connaître ce dessein au public ». C'est un curieux manifeste que cette préface du *Théâtre espagnol* de Lesage, et qui mériterait bien qu'on le rééditât et qu'on le citât entre ceux d'Ogier et de Mercier. Il classerait son auteur en tête des plus authentiques précurseurs des audaces de la préface de *Cromwell*. Quant à son « dessein », il consistait à imiter ce que les Espagnols ont « de brillant et d'ingénieux », en évitant « ce qu'ils ont d'outré, leur galimatias de termes pompeux, leurs mouvements rodomonts ». C'est ce que le traducteur avait tenté dans deux comédies qu'il publiait « pour essayer le goût du public ».

La première, qui a pour titre *le Traître puni*, était traduite d'un drame de Francisco de Rojas, intitulé *la Traicion busca el castigo* (*la Trahison cherche le châtiment*). C'est un ricochet de méprises tragiques qu'amènent l'amour, la jalousie et surtout l'obscurité de la nuit. Ce colin-maillard est encore compliqué par le quadrille d'amoureux qui évolue à travers la plupart des comédies espagnoles, flanqué du *bobo*, l'inévitable amant malheureux, du *barba*, le père terrible, du *gracioso*, le bouffon, et des escouades ordinaires de valets et de soubrettes. Si l'on suit dans le détail le travail du traducteur, on voit qu'il tient en somme les promesses de sa préface. Il corrige avec beaucoup d'adresse presque toutes les outrances de ton de son modèle, il sait éviter l'emphase, comme la trivialité, et prêter discrètement au *gracioso* quelques bons mots de son cru. Sa légèreté de main et son sens dramatique se montrent surtout dans les dialogues. Ceux de son modèle sont souvent d'une coupe excellente par la rapidité et le croisement des ripostes; Lesage alors n'a garde d'y toucher. Mais l'espagnol verse-t-il dans des tirades prolongées, et ce n'est pas son moindre défaut, alors le traducteur n'hésite pas à les dialoguer. Il excelle même à diviser en une gerbe de saillies étincelantes l'impétuosité monotone des jets lyriques de l'original. D'autre part, les cinq premières scènes de la pièce offrent un parallèle intéressant avec Scarron qui en avait fait le premier acte de son *Jodelet duelliste*. On y mesure aisément la supériorité de la prose limpide et du goût déjà sûr de Lesage sur les rimes et les *conceptos* de son burlesque prédécesseur.

C'est avec une adresse plus notable encore que la deuxième pièce du recueil, *Don Felix de Mendoce*, était traduite de la comédie de Lope de Vega, *Guardar y guardarse* (*Garder et se garder*). Lesage travaille à condenser l'action, à supprimer des scènes parasites, par exemple les neuf premières. Il se risque à imiter et réussit à rendre, avec une flexibilité d'esprit tout à fait remarquable, l'air chevaleresque et le ton brillant de son modèle, en se bornant d'ailleurs à lui rendre en bonne prose la monnaie de ses monologues en sonnets. Il s'est même élevé avec aisance, dans le premier acte, jusqu'à cet accent « purgé d'épique », comme dira Gil Blas, qui sonne si souvent dans le théâtre de Lope, et il a l'adresse de nous faire goûter quelques mouvements rodomonts. Non content de resserrer le dialogue, il le nuance avec une indépendance spirituelle. Nous le surprenons même qui fait dire à un valet querelleur : « J'ai le vin bas-breton », comme pour signer sa traduction. Et il y a çà et là des scènes de dépit entre amoureuses ou des plaisanteries entre valets et soubrettes, qui sont traitées avec une finesse toute française et n'ont pas du tout leur pendant dans l'original espagnol. Il est manifeste que le traducteur se donne carrière plus librement ici que dans la première pièce.

En les offrant toutes deux au public, il s'engageait à lui agréer, « du moins en ne lui en donnant pas davantage, supposé que sa décision ne lui fût pas favorable ». Il paraît bien qu'elle ne le fut pas, car, au lieu de continuer à traduire la série des « meilleures comédies des plus fameux auteurs espagnols », comme disait son titre, notre novateur en appela du public des lecteurs à celui du théâtre, lequel venait de faire un si beau succès à l'*Hésione* de son ami Danchet.

C'est ainsi qu'en 1702, Lesage fut amené à faire son début, sur le Théâtre-Français, avec *le Point d'honneur*, comédie en cinq actes, traduite de la comédie de Francisco de Rojas *No hay amigo para amigo* (*Il n'est point d'ami pour un ami*). Cette pièce ne nous est parvenue qu'en trois actes sous la forme que l'auteur lui donna « pour la rendre plus vive » en la portant, en 1725, à la Comédie-Italienne, où elle fut précédée d'*Arlequin prologue*. Ainsi remaniée, elle n'appartient plus à la première manière de Lesage, car son indépendance vis-à-vis de son modèle y va jusqu'à une refonte complète de l'intrigue originale.

Non seulement sa pièce l'emporte sur sa rivale, le *Jodelet duelliste* de Scarron, par le bon goût et surtout par la limpidité relative de l'intrigue, mais elle est fort supérieure à celles du recueil de 1700. Elle est vraiment écrite pour le théâtre. Les caractères y sont d'un dessin net et vif, et celui du personnage principal, le capitan matamore, y est traité avec une véritable maîtrise. Il y a des scènes filées avec art. Le dialogue est bien coupé, et un esprit très personnel y pétille en maints endroits. Mais il est probable qu'une partie seulement de ces qualités se rencontrait dans la pièce en cinq actes, car, en 1702, au Théâtre-Français, soit par la faute du sujet qui reste assez froid, étant trop éloigné de nos mœurs, soit que *Jodelet duelliste* eût enlevé l'attrait de la nouveauté aux scènes de dispute qui étaient communes aux deux pièces et qui sont justement les plus piquantes, le *Point d'honneur* n'eut que deux représentations.

Pour le coup, le novateur quitta la partie, et cherchant une autre veine à exploiter, sans renoncer pourtant au « friand espagnol », comme disait Brantôme, il délaissa le théâtre des Castillans pour leur roman. Il se risqua à son tour dans cette littérature picaresque qui est bien la « forêt merveilleuse » dont parlait Julian de Medrano, quand il promenait sur sa lisière Catherine de Médicis et sa cour, leur promettant « diverses choses fort subtiles et curieuses, très utiles aux dames et aux messieurs », qu'il leur narrait dans son castillan. Lesage, son français aidant, allait y trouver la gloire.

III

Pour son coup d'essai, il s'avisa de traduire, en 1704, cette suite de la première partie du *Don Quichotte* qui est due à Bartholomé de Argensola ou à Luis de Aliaga et qui avait paru dès 1614, sous le pseudonyme d'*Avellaneda*, en devançant la deuxième partie du *Don Quichotte* authentique, et en inspirant à Cervantès une si légitime colère. En revanche, la traduction de Lesage nous ménageait une agréable surprise que nous serions heureux de faire partager au lecteur.

« Nous ne saurions dire, avouait le *Journal des Savants*, si cette traduction est fidèle, nous n'avons point vu l'original espagnol. » C'est un aveu qu'auraient pu renouveler tous les critiques de Lesage

Et pourtant leur curiosité n'aurait-elle pas dû être piquée par certain passage de la première préface du *Diable boiteux*, laquelle n'est pas introuvable, où l'auteur déclare à Guevara en faisant allusion à Avellaneda : « Je n'ai pas traduit plus fidèlement son *Don Quichotte* que votre *Cojuelo* » ? De fait, Lesage avait assez docilement traduit son modèle dans sa première moitié, sans se piquer d'ailleurs de suivre le précepte de Cervantès : *Ne rien omettre, ne rien mettre.* Mais il se donne librement carrière dans le reste, qui est presque entièrement de son invention. Ce serait un régal tout nouveau pour les lecteurs de *Gil Blas* que de voir avec quelle fantaisie leur auteur brode ici sur les inventions d'Avellaneda et même sur des réminiscences de Cervantès, avec quelle verve burlesque il les paraphrase, avec quelle malice il les rogne ou les allonge, les loue ou les critique, parodiant pêle-mêle Homère et *l'Astrée*, et invoquant à faux avec une exquise finesse l'autorité de l'Arabe Benengely ou du sage Alisolan, pour glisser sans façon des histoires de son cru. Il devient évident, par cette seconde partie, qu'il s'est piqué au jeu, qu'il a cessé de traduire son modèle pour l'éclipser par ses propres inventions; et plus on avance dans cette lecture, plus on est ravi de voir poindre et s'affirmer un auteur, où l'on ne s'attendait à trouver qu'un traducteur. Nous osons même nous porter garant qu'on y goûtera maintes fois une allure fringante et une verve inventive dont aucune autre des œuvres de Lesage ne nous donnera l'équivalent.

Qu'on se reporte par exemple à l'histoire du désenchantement de l'infante Burlerine et au jeûne y relatif de Sancho (l. VI, ch. VII). Cet épisode, inspiré peut-être du désenchantement de la Dulcinée de Cervantès, est traité avec une drôlerie d'humour et avec une verve de style qui méritaient bien tous les éloges du *Journal des Savants*, et qui rivalisent avec les meilleures pages du vrai *Don Quichotte*. Et ce sont cent pareils « suppléments », comme Lesage les appelle modestement, qu'on pourra savourer dans son *Don Quichotte* trop ignoré. Certes il y a des morceaux un peu traînants ou d'une gaieté forcée, ou d'un réalisme qui va jusqu'à la scatologie inclusivement, mais l'ensemble se lit d'un trait, en vous maintenant dans cette humeur indulgente où l'on pardonne tout à qui vous amuse. Sur un point seulement, Lesage nous paraît blâmable, c'est quand il fait navrer à mort son héros par des archers de la Sainte-Hermandad sur lesquels son pauvre don Quichotte a fondu, en souvenir sans doute de la charge moins tragique qu'il avait exécutée sur eux dans Cervantès.

Cette fois enfin le public récompensa pleinement les tentatives obstinées de notre auteur pour greffer son originalité sur celle des Espagnols, car son *Don Quichotte* eut quatre éditions de son vivant et un succès durable, qu'il constatera lui-même, en 1707, dans la première préface du *Diable boiteux*. Il est même très probable qu'il prit assez de goût au thème de Cervantès pour le varier à sa guise, et nous croyons avoir reconnu sa main en divers endroits de ces suites de *Don Quichotte* que conserve la bibliothèque de l'Arsenal. Quoi qu'il en soit, à dater de son *Don Quichotte*, il est manifeste que Lesage cherche à dégager de plus en plus sa personnalité littéraire de l'imitation des Espagnols.

Le succès de cette tentative eut pour premier effet de le ramener à leur théâtre et il écrivit *Don César Ursin*. L'imitation du modèle espagnol y a en effet les mêmes allures que dans le *Don Quichotte* : jusqu'au quatrième acte, Lesage a suivi Calderon dans sa comédie de *Peor esta que estava* (*Cela va de mal en pis*), scène à scène, avec des retouches aussi adroites et aussi heureuses que dans *Don Felix de Mendoce* : mais il remanie tout le dénouement avec une prestesse et une liberté déjà toutes voisines de celles du *Point d'honneur* en trois actes, c'est-à-dire de sa deuxième manière. Décidément il passait maître dans l'art d'accommoder les Espagnols à notre goût, et cette pièce tenait, bien mieux encore que les précédentes, les promesses de la bruyante préface de 1700. L'intrigue de *Don César Ursin* nous paraît même un modèle du genre et d'une adresse à soutenir le parallèle avec les plus malins vaudevilles à ricochets de nos jours. Mais les contemporains, tout en la jugeant « soutenue et singulière », estimèrent qu'elle était « trop embrouillée » et « assez peu vraisemblable ». A vrai dire, les caractères n'ont ni originalité ni réalité. Enfin la pièce avait le double tort de paraître, comme *le Point d'honneur*, hors de nos mœurs, et de rappeler, outre *la Fausse Apparence* de Scarron, une comédie antérieure, *les Innocents coupables* de M. de la Brosse, puisée à la même source et d'ailleurs d'un goût détestable.

Telles furent sans doute les causes du mauvais accueil que le public du Théâtre-Français fit à *Don César Ursin* le 15 mars 1707, et qui, au rapport du *Journal de Verdun*, serait allé jusqu'aux sifflets malgré la présence du prince de Conti. Le parterre laissa à la cour le soin de louer l'art de l'intrigue et les mérites du style de *Don César*, et réserva ses applaudissements pour la petite pièce qui accompagnait la grande. Il sentit d'instinct toutes les promesses d'originalité qu'elle contenait, la « force du comique » qui y règne, et qu'un successeur de Molière allait peut-être surgir. Lesage, qui aimait, paraît-il, à conter cette histoire, se borna à philosopher sans amertume avec ses amis sur cette différence des goûts à la cour et à la ville, où sa bonhomie et sa malice trouvaient également leur compte. Il se sentait d'ailleurs hors de page. « Que les petits génies, dit un poète dans le *Diable boiteux*, se tiennent dans les bornes étroites de l'imitation, sans oser les franchir. Il y a de la prudence dans leur timidité. » Lesage avait assez usé de cette prudence. La petite pièce dont le succès venait de récompenser ses efforts discrets et de plus en plus heureux vers l'originalité et allait le rendre *oseur*, c'est-à-dire auteur, suivant le mot d'un de ses plus brillants imitateurs, c'était *Crispin rival de son maître*.

CHAPITRE II

PÉRIODE D'AFFRANCHISSEMENT : « CRISPIN RIVAL » ; « LE DIABLE BOITEUX »

I

Dans *Los Empeños del mentir*, de Hurtado de Mendoza, un aventurier, abusant des confidences d'un cavalier qu'il a tiré des griffes de trois brigands, tente d'épouser la sœur de ce brave homme en se faisant passer pour le fiancé attendu. L'aventure est d'ailleurs conduite et dénouée à peu près de même que l'est dans *Gil Blas* celle de Jérôme de Moyadas. Pour *Crispin rival*, comme pour *Gil Blas*, Lesage avait évidemment sous les yeux la pièce de Mendoza que nous venons de signaler. Mais dans sa comédie on ne retrouve que l'idée première de l'intrigue espagnole. Tout le reste, aventures, dialogue, caractères, est de son invention ou rappelle *les Précieuses ridicules*. Aussi n'avait-il pas cru devoir désigner ici son modèle espagnol, comme il l'avait loyalement fait pour les pièces précédentes.

Mais c'est bien à l'école des Espagnols qu'il avait appris l'art de mêler ou de démêler une action avec cette prestesse et cette vraisemblance. Les entrées de Valère et celle d'Orgon, qui donnent à l'action des secousses si gaies, sont motivées avec un naturel parfait. La Branche renoue la trame demi-rompue de ses fourberies avec une dextérité supérieure à celle de Scapin. Lesage semble même prendre plaisir à mettre ici nœuds sur nœuds, comme pour faire admirer son adresse à les dénouer. Qu'il file le dialogue ou qu'il le heurte, tout est *en scène*, comme on dit au théâtre. Qu'on relise par exemple ce bout de dialogue :

Crispin.... As-tu arrêté des chevaux pour cette nuit ? — *La Branche* (*regardant dans l'éloignement*). Oui. — *Crispin*. Bon !... Je suis d'avis que nous prenions le chemin de Flandre. — *La Branche* (*regardant toujours au loin et avec distraction*). Le chemin de Flandre ?... Oui, c'est fort bien raisonné. J'opine aussi pour le chemin de Flandre. — *Crispin*. Que regardes-tu donc avec tant d'attention ? — *La Branche* (*de même*). Je regarde.... Oui.... Non.... Ventrebleu ! serait-ce lui ? — *Crispin*. Qui, lui ? — *La Branche* (*de même*). Hélas ! voilà toute sa figure. — *Crispin*. La figure de qui ? — *La Branche* (*de même*). Crispin, mon pauvre Crispin ! c'est M. Orgon. — *Crispin*. Le père de Damis ? — *La Branche*. Lui-même. — *Crispin*. Le maudit vieillard ! — *La Branche*. Je crois que tous les diables sont déchaînés contre la dot.

Nous ne connaissons rien dans les modèles espagnols de Lesage, dans Calderon lui-même, le roi de l'intrigue, qui fasse sentir plus vivement que l'acte unique de *Crispin rival* le plaisir spécial qu'on goûte au théâtre à voir une action dextrement emmêlée et démêlée. En France, pour trouver autant de *brio*, autant d' « industrie », comme disait un autre admirateur du théâtre espagnol, qui est le grand Corneille, il faudra attendre l'avènement de ce fameux Figaro que Crispin annonce d'ailleurs par son esprit et par l'emploi qu'il en fait, en face des puissances. Quelle audace déjà dans ses sarcasmes à l'adresse de la justice qui « est une si belle chose qu'on ne saurait trop l'acheter », et qui blanchit et relâche les coquins à la prière d'une « bonne amie » ! Et que de traits mordants contre cette société où se voient de petits scélérats qui « ne se font point un scrupule de la pluralité des dots » ; où le comble des duretés est ce « qu'un petit maître n'oserait dire à une femme de robe » ; et où les coquins se gardent les uns aux autres « une fidélité plus exacte que les honnêtes gens » ! Quelle ambition déjà chez ce Crispin ! et quelle haute idée il a de ses moyens de l'assouvir ! « Que je suis las d'être valet ! » s'écrie-t-il dès le début, et aussitôt nous voilà loin des vulgaires picaros de Méndoza. Ce qu'il veut escroquer, ce n'est rien moins qu'une position sociale avec la considération y relative : « Ah ! Crispin, c'est ta faute ! Tu as toujours donné dans la bagatelle ; tu devrais présentement briller dans la finance... Avec l'esprit que j'ai, morbleu ! j'aurais déjà fait plus d'une banqueroute. » Mais patience ! nous allons retrouver Crispin sous les chamarrures de Turcaret.

Ainsi Lesage s'était élevé du coup à la grande satire de mœurs, en s'affranchissant, au théâtre, de ses modèles étrangers : pour oser *Turcaret*, il n'en aura plus d'autres que Molière et la vie. N'oublions pas cependant sa docilité à prendre conseil du parterre. Ce dernier, avant d'applaudir « le grand comique, critique et plein de finesse » de *Crispin rival*, avait fait deux fois échec aux autres *adaptations* espagnoles de son auteur, qu'il trouvait trop embrouillées et surtout trop éloignées de nos mœurs. Lesage se le tiendra pour dit, et son *Turcaret* échappera si bien à ce double reproche qu'il en essuiera de tout contraires, et beaucoup moins fondés d'ailleurs. Outre cette heureuse docilité aux leçons du parterre, nous relevons à cette époque, c'est-à-dire à la veille même de sa plus grande audace littéraire, une preuve notable de sa prudence dans la conduite de son esprit. Ses pièces en cinq actes avaient échoué, et seul son acte de *Crispin rival* avait réussi : aussitôt, comme s'il se fût défié des longs ouvrages dramatiques, il présente coup sur coup deux comédies en un acte. La première, qu'il baptise *les Étrennes*, voulant la faire jouer le 1er janvier 1708, est refusée par les comédiens. Heureux refus ! puisque, ayant repris son acte, et considérant la fécondité de sa donnée, il en tirera *Turcaret*, en quelques mois. Dans cet intervalle, il fait recevoir une nouvelle comédie en un acte, *la Tontine*, car nous lisons sur les registres de la Comédie-Française, à la date du 27 février 1708 : « On a reçu une petite pièce de M. Lesage pour être jouée après Pâques ». Elle ne devait l'être que vingt-quatre ans plus tard, « pour des raisons que le public se passera bien de savoir », nous dit l'auteur, pour « des raisons d'État », ajoute le chevalier de Mouhy qui, contre son ordinaire, paraît ici mériter notre confiance. L'institution de la tontine était devenue d'État, bon gré mal gré; or Lesage la présentait comme une manière de jeu de hasard où les médecins voient le dessous du jeu. Et puis il y avait des traits de satire singulièrement osés, cette riposte de Crispin, par exemple, à un soldat qui a déserté pour avoir reçu la bastonnade : « Pour te venger de ton capitaine, que n'attendais-tu un jour de bataille ? » Quoi qu'il en soit, Lesage, pour prendre patience, rimera sa *Tontine* et en fera, pour son théâtre forain, un *Arlequin colonel* qui a ainsi un double titre à notre curiosité. Mais quelle activité de production et comme elle montre sa volonté d'exploiter dès lors la veine d'actualité dont *le Diable boiteux*, après *Crispin rival*, venait de lui révéler toute la fécondité !

II

C'est en effet l'année même où il se risquait à marcher presque seul sur la scène française qu'il cherchait à conquérir son originalité dans le roman. Il réussit dans sa double tentative, mais en se modelant bien plus sur les Français que sur les Espagnols. En effet, *Crispin rival* devait autant et plus, au fond, à Molière qu'à Mendoza, et *le Diable boiteux* allait procéder bien plus de La Bruyère que de Guevara. En réalité, à Guevara, pour *le Diable boiteux*, comme à Mendoza, pour *Crispin rival*, Lesage ne demanda guère qu'un cadre. Il importe de préciser.

Dans ses deux préfaces du *Diable boiteux*, Lesage indiquait vaguement les limites de ses obligations envers Guevara et ajoutait qu'il l'avait traité comme Avellaneda, dans son *Don Quichotte*. En fait, il exagérait sa dette, pour le fond, envers Guevara, au grand détriment d'Avellaneda. Il ne doit à l'inégal auteur du *Diablo cojuelo* que deux chapitres et demi sur vingt et un, soit, tout compte fait, neuf historiettes et le cadre. Or ce qui est remarquable, c'est que sept de ces historiettes sont dans le chapitre III et que les deux autres occupent juste six lignes dans le reste du livre. On voit ici la différence des procédés et le progrès de l'auteur d'une œuvre à l'autre. Pour se risquer à inventer, Lesage, traduisant Avellaneda, attendait à peu près d'être arrivé à la moitié du volume : après trois chapitres, trois *enjambées* (*trancos*), comme dit l'espagnol, faites en la compagnie du seigneur Guevara, il lui tire sa révérence grande et va de son côté.

Ce n'est pas d'abord sans quelques incertitudes sur la vraie route à suivre. Il est visible, surtout dans la première édition du *Diable boiteux*, que son auteur hésite entre deux manières. Tantôt en effet il conte à loisir, tantôt il fait défiler les originaux devant nous et les croque d'un trait rapide. De là, deux parties distinctes, et dont les mérites sont aussi inégaux que l'étaient d'abord leurs dimensions. Que l'on ôte en effet de la première édition du *Diable boiteux*, *les Amours du comte de Belflor*, dont l'intérêt n'était pas tout neuf, et *la Force de l'amitié*, « un peu longue », de l'aveu même d'Asmodée, et, avec ces deux nouvelles, l'agréable récit de la jalousie du capitaine Zanubio, il restera à peine un tiers du volume pour ce qui allait faire son succès et montrer que La Bruyère avait un héritier digne de lui.

Percher l'écolier Leandro sur la tour de San Salvador, et faire enlever pour lui, par Asmodée, les toits des maisons, de manière qu'il en voie l'intérieur, « de même, dit Louis Velez de Guevara, qu'on voit le dedans d'un pâté dont on vient d'ôter la croûte », c'était assurément un cadre ingénieux, quoique bien lâche à la longue, plus ingénieux même que tous ses analogues, depuis *le Louis d'or* d'Yzarn jusqu'au *Lorgnon* de Mme de Girardin. Mais détachez le tableau de ce cadre, ce qui est facile, trop facile même : qu'avez-vous alors sous les yeux, sinon une suite évidente au livre des *Caractères ou Mœurs de ce siècle*? Asmodée a beau se démener pour satisfaire Leandro, qui aime « les tableaux changeants », et l'emporter, au bout de son manteau, des prisons au palais royal, des asiles de fous aux riches hôtels, des tavernes aux tombeaux, toute cette fantasmagorie n'aboutit qu'à nous faire continuer cette revue satirique de la ville et de la cour, des dehors et du dedans des « pauvres mortels » dans toutes les conditions, qui s'offrait déjà à nous dans le livre des *Caractères*.

Il y a un peu plus de sensibilité chez Lesage que chez La Bruyère, mais aussi plus d'âpreté dans la satire, et c'est lui qui dit, par la bouche de l'écolier : « Le pitoyable ne m'attendrit pas moins que le ridicule me réjouit ». D'ailleurs, aux meilleurs endroits, la coupe et le ton et jusqu'à la manière d'aiguiser le trait par la queue, ne rappellent-ils pas le modèle français, à s'y méprendre, ici par exemple :

On le voit toute la journée dans les antichambres du Roi et du premier Ministre. Ne le prenez pas pour un ambitieux qui brigue quelque charge importante. Il n'en souhaite aucune et ne demande rien. Hé quoi! me direz-vous, il n'irait dans cet endroit-là simplement que pour faire sa cour? Encore moins. Il ne parle jamais au Ministre. Il n'en est pas même connu et ne se soucie nullement de l'être. Quel est donc son but? Le voici : il voudrait persuader qu'il a du crédit.

Et puis c'était aussi un livre à clefs. Que de fois l'auteur nous parle expressément des Français et nous ramène à Paris sans crier gare! Dans le reste, les noms et la couleur espagnole ne sont qu'un vernis léger sur la peinture, destiné à en atténuer certaines crudités. Le lecteur était charmé de revenir, si aisément, droit aux originaux, après avoir été si agréablement dépaysé, et de lever les masques, et de désigner Baron dans ce *Héros de coulisse* fat et si vieux qu'il en est *théâtrifié*; et Du Fresny, dans ce vieux garçon de bonne famille, dépensier, qui épouse sa blanchisseuse; et Ninon, dans la coquette qui fait des papillotes avec les promesses de mariage de ses galants; et Fontenelle et La Motte dans ces « auteurs ennemis de la noble simplicité qui ne sont pas tous de l'Académie de Tolède », etc. Que de traits contre les comédiens et les financiers, les auteurs et les mondains allaient tout seuls à leur adresse! Quel flot d'originaux! C'est la rue qui passe : « Regardons du côté de la ville », dit le Boiteux, et Lesage d'intituler aussitôt son chapitre : « Dont la matière est inépuisable ».

Le succès de ce petit livre vint de là, et l'auteur ne s'y trompe point, quand il le réédite en 1726, « refondu et augmenté d'un volume que les sottises humaines lui ont aisément fourni ». Plus de longues histoires contées pour conter; une demi-douzaine à peine de récits qui ont à peu près la dimension de celui d'Émire dans La Bruyère, et en ont aussi parfois la psychologie délicate. Le reste est formé d'une centaine de croquis des mœurs du temps et des caractères des hommes. En revanche, Lesage a supprimé ou changé curieusement certains traits : ainsi à un « auteur dramatique qui mourut subitement d'envie au bruit des applaudissements du parterre à la première représentation d'une pièce d'un de ses amis », a succédé, dans la seconde édition, une « actrice espagnole qui creva subitement d'envie au bruit des applaudissements du parterre, au début d'une actrice nouvelle ». Est-ce le succès qui l'adoucit sur le chapitre de ses confrères? En tout cas, il était légitime, et nous venons de voir que Lesage le devait surtout à cette partie de son roman où il avait su quitter ses modèles espagnols ou français, pour suivre le conseil de Régnier, et

> Apprendre dans le monde et lire dans la vie
> D'autres secrets plus fins que de philosophie.

Cette réserve est très nécessaire à faire dans les éloges qu'on décerne en bloc, d'ordinaire, au *Diable boiteux*, sinon on encourage des revendications singulières. Hier encore, en tête d'une grave collection, un critique espagnol n'appelait-il pas la première édition du *Diable boiteux* « une traduction », et ne prétendait-il pas que si la seconde édition avait eu moins de succès que la première, c'est parce que « la grâce et l'invention » de Guevara sont inimitables, tandis que Lesage montre avec « présomption » dans sa préface qu'il croit les avoir égalés? Et voilà comment on se brouille et s'embrouille entre obligés et bienfaiteurs. Nous avons montré combien mince était la dette de Lesage envers Guevara, et qu'elle était plus grande envers La Bruyère; mais, tout compte fait, c'est de tout le monde qu'il était le débiteur, et il pouvait répéter, lui aussi : « Je rends au public ce qu'il m'a prêté » : Asmodée est l'ancêtre classique de nos *reporters*, et le roman dont il est l'âme n'est qu'une vaste chronique faite de génie plutôt que travaillée avec art.

Tout n'en est pas à louer, en effet, même dans cette galerie si riche de portraits. Beaucoup d'entre eux sont trop rapides, trop vagues, et même quelques-uns sont dépourvus d'intérêt. Il y a des traits de satire trop amers et il en est même d'insignifiants. Enfin, par la faute de ce mélange d'histoires quelquefois trop longues et de portraits souvent trop secs, le livre manque d'homogénéité. Il restait à relier ces histoires d'un fil moins lâche, à fondre cette mosaïque de croquis en une peinture générale, et à placer au centre de la composition un héros qui en ramenât sur lui l'intérêt diffus : en un mot, il restait à écrire *Gil Blas*.

Dans *le Diable boiteux*, comme dans *Crispin rival*, Lesage avait prouvé qu'il savait s'affranchir de tous ses modèles. Il touchait à la quarantaine, l'âge des chefs-d'œuvre, pour ceux qui ont voulu savoir tous les secrets de l'art avant de travailler d'après nature. *Turcaret* et *Gil Blas* allaient être le double coup de maîtrise.

CHAPITRE III

PÉRIODE DE PLEINE ORIGINALITÉ : « TURCARET »

I

La Bruyère, tout en épuisant ses traits les plus amers contre les manieurs d'argent, ces âmes « sales, pétries de boue et d'ordure », écrivait avec découragement : « Un projet assez vain serait de vouloir tourner un homme fort sot et fort riche en ridicule : les rieurs sont de son côté ». Lesage osa espérer qu'ils seraient du sien, vingt ans après. On exalte d'ordinaire l'audace de son calcul, il vaudrait mieux en montrer l'adresse et prouver qu'en dépit de certaines apparences, le pouvoir et l'opinion étaient d'accord, vers 1709, pour soutenir et applaudir *Turcaret*, et que la scène de Molière elle-même était préparée à recevoir cette satire sociale, quand son auteur l'y porta. La réputation de hardiesse de Lesage en souffrirait peut-être, mais l'intérêt histo-

4

rique de sa comédie s'en accroîtrait, et ne suffit-il pas que la vérité y gagne ?

Turcaret fut achevé dans les premiers mois de 1708, car nous relevons cette mention sur le « livre des feuilles d'assemblée » de la Comédie-Française : « Aujourd'huy mardy, quinzième may 1708, la compagnie s'est assemblée extraordinairement dans la salle de son hostel pour entendre la lecture d'une pièce en cinq actes de M. Le Sage ». Le moment pouvait paraître mal choisi pour faire applaudir une satire contre les traitants. N'étaient-ils pas au pinacle, et, quelques jours auparavant, le roi, qui était encore Louis XIV, ne s'était-il pas promené dans Marly entre Bergheyck, qui gouvernait en Flandre les finances d'Espagne, et Samuel Bernard lui-même, « en disant autant » au traitant qu'au ministre, au vu et au su de toute la cour ? Ne semblait-il pas qu'un nouveau pouvoir s'installât dans l'État et avec quelle assurance ! Contemplez, au Cabinet des Estampes, certaine gravure d'un portrait peint par Hyacinthe Rigaud. Le personnage, dans un accoutrement fastueux, trône, sous un péristyle, au haut d'un perron magnifique, accoudé sur une table où s'arrondit une grosse mappemonde, et, tournant majestueusement sa face vers un public invisible, il lui désigne d'un geste royal des vaisseaux dans un port, cependant qu'un vent de victoire fait flotter au-dessus de sa tête un dais de draperies. Est-ce Louis XIV disant : *L'État, c'est moi*, ou au moins Colbert montrant sa flotte ? Non, c'est Samuel Bernard, « chevalier de l'ordre de Saint-Michel, comte de Goubert, conseiller d'État », d'après le cartouche, maltôtier et banqueroutier avérés, d'après l'histoire, et dont Saint-Simon vous dira les *infamies*.

Mais pour n'être pas plus dupes de cette apparente grandeur que ne le furent les contemporains, regardons-en les fondements. Les complaisances du pouvoir pour les traitants lui étaient commandées par une affreuse détresse dont il faut bien se rendre compte. On en trouvera le bilan dans le mémoire officiel de Desmarets, neveu et élève de Colbert, que le roi venait d'appeler au contrôle des finances. Le total des dépenses prévues pour 1708 s'élevait à près de 700 millions, et pour y faire face il restait 20 millions de fonds libres. D'ailleurs les revenus avaient été consommés d'avance jusqu'en 1717 par des assignations anticipées. L'État ne pouvait même plus manger son blé en herbe et il avait si bien *joué du hautbois*, selon la recette et le calembour de Panurge, que les forêts du domaine étaient rasées. La guerre se faisait à crédit, la famine décimait l'armée, et les soldats demandaient lamentablement à leurs généraux *le pain quotidien*. Pour vaincre, les alliés comptaient moins sur leurs troupes que sur notre détresse financière. Pour sauver la France, il ne fallait rien moins qu'un miracle : le mot est dans Desmarets comme dans Saint-Simon. Grâce à 30 millions d'or et d'argent que rapportèrent des mers du Sud et prêtèrent au roi les armateurs malouins, et à 40 millions qu'on tira encore des traitants en 1709, grâce à l'héroïque boucherie de Malplaquet et à la pitié intéressée de la reine Anne; grâce surtout à Denain, « le miracle visible » attendu par Saint-Simon se fit, et Louis XIV put du moins commencer à descendre avec majesté, selon l'expression risquée mais expressive de Michelet, le Niagara de la banqueroute, où allaient s'engouffrer ses successeurs.

Cependant les partisans trouvaient honneur et profit dans la honte et dans la détresse publiques, et ne savaient pas s'en taire. A Bourvalais qui se vantait d'avoir soutenu l'État, quelqu'un de la cour répliqua pour tous qu'il l'avait soutenu comme la corde soutient le pendu. Au fond, le pouvoir avait pour ces corsaires qui le rançonnaient effrontément les bonnes grâces grimaçantes d'un fils de famille aux prises avec un usurier. Aussi les laissera-t-il, avec une joie secrète, tomber en proie au mépris public dont les pamphlets et la scène allaient être les organes, en attendant qu'il satisfît sa sourde colère par les brutalités de ses enquêtes et de ses chambres de justice.

Même patelinage et même irritation chez les nobles à l'endroit des traitants. Au temps des *Caractères*, leurs voleries et leurs ridicules n'indignaient guère que des philosophes clairvoyants comme La Bruyère, ou envieux et chagrins comme le provincial dont se moque si agréablement Gourville dans ses Mémoires; mais la noblesse s'accommodait aisément des financiers, moyennant finances. Un bon mot vengeait alors d'une mésalliance ou d'une impertinence. Il faut bien *fumer ses terres*, dira Mme de Grignan, pour se consoler de marier son fils à la fille du financier Saint-Amand. « Les millions sont de bonne maison », ajoutait la spirituelle grand'mère ; et puis ne fallait-il pas payer *la cruelle chère de Grignan* et *se tirer des pattes* de la Reinié, la marchande à la toilette qui apportait si bruyamment ses notes jusque chez M. le lieutenant-gouverneur de Provence ? A quelqu'un qui la plaint de faire antichambre chez Berryer, un champignon de la finance, mêlée à la foule des laquais, Mme Cornuel confiera : « Hélas ! j'y suis fort bien, je ne les crains point tant qu'ils sont laquais ». Mais voici qu'ils ont l'oreille du roi et le pas-devant sur les ducs et pairs. Quel frémissement de rage alors, dans les rangs des courtisans ! « J'admirais, dit Saint-Simon regardant Louis XIV faire les honneurs de Marly à Samuel Bernard, et je n'étais pas le seul, cette espèce de *prostitution du roi.* » Constatons aussi que Dangeau, dans son Journal, en relatant cette fameuse promenade de Marly, qui coûta onze millions à Samuel Bernard, ne nomme que Bergheyck et reste muet sur le second compagnon de Sa Majesté, et ce silence du fidèle Dangeau nous paraîtra encore plus significatif que le gros mot de Saint-Simon. Hélas ! le roi n'était pas le seul à se prostituer, et Saint-Simon oublie ici que son propre beau-père, le maréchal de Lorges, « ce pauvre diable de qualité », nous dit Bussy, « n'avait eu de solide que le bien de la fille du laquais qu'il avait épousée », lequel était le financier Frémont.

Duclos remarquera que la finance et la cour portent souvent les mêmes deuils. Il est vrai : ils portaient en même temps, les uns le deuil de leur argent, les autres celui de leur honneur.

La bourgeoisie elle-même s'aigrissait contre les traitants. Longtemps elle n'avait vu dans le faste des financiers qu'une aristocratie d'argent qui rivalisait avec celle de la naissance, et il n'y avait pas là de quoi l'offusquer, bien au contraire. N'était-ce pas une aristocratie ouverte et dont les insolences la vengeaient de celles de l'autre? Et puis la foule bourgeoise des rentiers de la ville prenait fort aisément son parti du faste et des pires débauches des partisans, pourvu qu'ils maintinssent un semblant de stabilité dans les revenus de l'État, et lui évitassent, en prêtant au roi, ces odieuses réductions de rentes auxquelles Mazarin et Colbert avaient eu recours sans vergogne, comme leurs pires prédécesseurs. Mais ces calculs bourgeois venaient d'être singulièrement brouillés par la détresse financière qui avait suivi nos désastres. La création incessante de papier-monnaie sous différents noms, *assignations*, *billets de subsistance*, *de monnaie*, etc., avait mis en circulation une somme énorme de 413 millions d'effets à terme. Les ajournements de ces billets à l'échéance ou les cessations brusques de paiement, prolongées jusqu'à 18 mois (1708-1709), mettaient la foule des porteurs, des malheureux petits rentiers, à la merci des gros spéculateurs. Et ces derniers en profitaient avec une effronterie incroyable, faisant l'escompte à un taux énorme et agiotant sur les billets même qu'ils avaient souscrits et dont ils étaient la caution. On pense si les *bons bourgeois* avaient cessé de voir dans les traitants les garants de leurs revenus et s'ils étaient prêts à faire chorus avec les nobles contre Turcaret! D'ailleurs à ces grandes friponneries, à ces « usures énormes qui feraient horreur si on les rapportait », dit un contemporain, il faut joindre toutes ces fourberies des prêteurs à la petite semaine, renouvelées d'Harpagon, que les rois même de la finance n'avaient jamais dédaigné de faire pratiquer par leurs hommes de paille, par leurs *Rafles* de tout acabit.

Quant au peuple, il reportait sur les partisans sa rancune séculaire contre la brutalité et les coquineries de la perception des impôts qui s'opéraient, alors plus que jamais, par voie de *doubles frais*, de *forcements arbitraires*, etc., et surtout contre l'assiette de quelques-uns d'entre eux, de la gabelle par exemple, si vexatoire qu'une famille n'ayant pas épuisé son lot de sel de table ne pouvait, sans une procédure nouvelle, employer le surplus à saler son lard. Dès lors l'impopularité des traitants se résumait dans l'expression formidable de « sangsues d'État,... sangsues du peuple », qui courait partout, que nous trouvons sous la plume de Vauban, comme dans le *Beauchêne* et le *Théâtre de la Foire* de Lesage, et qui, retentissant encore à la fin du siècle devant la Convention, dans la bouche de Bourdon de l'Oise, sera un arrêt de mort pour trente-deux fermiers généraux, parmi lesquels on a la douleur de compter Lavoisier.

Ainsi s'amassait contre les traitants, dès le début du siècle et dans toutes les classes de la société, un trésor de haine. Mais avant de faire explosion dans *Turcaret*, cette haine, croissant avec la détresse publique, avait grondé dans des pamphlets fort curieux. Interrogeons-les, car Lesage les avait certainement lus. Ils auraient même suffi à lui donner le ton et à lui offrir de vivants modèles pour son héros, à défaut de ses observations personnelles et de sa rancune légendaire contre les gens de finance.

II

Le plus curieux de tous ces libelles a pour titre : *Nouvelle École publique des finances ou l'Art de voler sans ailes*, et date de 1708. Il est donc exactement contemporain de la conception de *Turcaret* et traduit les mêmes sentiments publics sur les financiers. On y dénonce pêle-mêle à l'indignation des Français cette « poignée de canailles qui cause le malheur de millions d'âmes » : les Choppin, les Thévenin, les Lacourt, les Rousselin, les Masson, les Farcy, les Desbuttes, les Taillefert de Soligny, etc. On en comptait quatre cents. Mais faisons l'honneur d'une mention spéciale à quelques-uns d'entre eux : à Deschiens, qui avait établi ce papier timbré si odieux qu'on s'en servit à Bordeaux pour brûler le directeur des commis, et à propos duquel courut ce quatrain :

> On a toujours bien dit : Le papier souffre tout;
> Et malgré la blancheur qui fait son innocence,
> Le roi lui fait donner la fleur de lys en France,
> Et le donne à Deschiens qui le barbouille tout;

à Bourvalais encore que l'on désignera couramment comme l'un des originaux de *Turcaret*, et qui, au sortir de la Bastille, sera hébergé et choyé par d'Argenson, garde des sceaux et président des finances; à La Noue enfin, cet autre modèle de *Turcaret*, d'après les contemporains, auquel l'auteur de notre pamphlet prête, dans une orgie de traitants, une apologie des voleries, des vices et des inénarrables débauches de ses pareils, dont le cynisme naïf rappelle par le ton, sinon par le style, la harangue du sieur de Rieux dans la *Ménippée*.

Notons surtout dans ces pamphlets, pour nous en souvenir en lisant *Turcaret*, que l'insolence des partisans qui insultaient à la misère publique était singulièrement aggravée, aux yeux des contemporains, par la bassesse originelle de la plupart d'entre eux. La Noue, par exemple, était fils d'un paysan des environs de Dreux. Mais ouvrons certain manuscrit de la Bibliothèque nationale, contenant les « noms et origines de MM. les fermiers généraux des fermes unies de France »; nous en apprendrons de belles sur les pairs et compagnons des Grimod de la Reynière, des Dupin, des Saint-Valery, des Héron de Villefosse, des Le Mercier, tous nés et bien nés eux, comme « les gentilshommes associés » de M. Turcaret. Voici, par exemple, Bragouze, venu de Montpellier à Paris avec le bagage de Figaro, « sans autre équipage qu'une trousse garnie de rasoirs »; de la Bouexière, Dangé, anciens laquais, Frontins pris sur le vif; Audry, fils d'un pauvre boulanger; de la Gombaude, fils d'une blanchisseuse de Rennes, etc. Turcaret devait paraître bien comique au parterre, en s'écriant : « Je vais à une de nos assemblées, pour m'opposer à la réception d'un pied-plat, d'un homme de rien, qu'on veut faire entrer dans notre compagnie ».

Bref, après avoir écumé, comme il convient, les pamphlets précurseurs ou contemporains de *Turcaret*, auxquels *l'Art de voler sans ailes* a plus ou moins servi de modèle, et en tenant compte de tous les grossissements inhérents au genre, on voit clairement que l'opinion publique rendait les maltôtiers responsables, à tort ou à raison, des misères et des hontes qui avaient suivi Blenheim et Ramillies. Un de ces pamphlétaires déplore même, en 1709, que le projet récent d'une chambre de justice n'ait pas abouti. Il demande qu'on livre « cent de ces *petits tyrans* à la juste fureur des peuples, un petit jour de halle, et qu'on enferme toutes leurs maîtresses aux Madelonnettes, après leur avoir donné le fouet ».

J'admire encore, s'écrie-t-il, la docilité du peuple qui les fournit, qui se laisse éclabousser par tous ces beaux carrosses qu'*ils* ont payés malgré eux, et qu'*ils* ne se déchaînent pas contre ceux qui les remplissent en les assommant lorsqu'ils passent sous leurs yeux. Quoi! des millions d'âmes dont Paris est rempli, ne peuvent détruire quatre cents misérables laquais revêtus, qui leur coupent journellement la bourse!

Voilà ce qui s'écrivait à Paris, sous la rubrique de Cologne, à la date même où l'on répétait *Turcaret* à la Comédie-Française. De là les efforts des partisans pour en prévenir d'abord la représentation, en achetant l'auteur, qui ne voulut se vendre à aucun prix, et ensuite pour faire tomber la pièce à grand renfort de « clefs de meute », comme dit la *Critique de Turcaret*. De là aussi la connivence du pouvoir, tout heureux de détourner de lui sur les fermiers et sous-fermiers la colère et l'inquiétude publiques. Nous lisons en effet dans un pamphlet daté de l'année même où fut joué *Turcaret*, un passage qui indique clairement la tactique officielle. Qu'on pèse ces *distinguo* d'une délicatesse au moins officieuse :

Ce qui attire aux partisans cette *haine générale des hommes* (dit l'auteur des *Partisans démasqués*) ne provient que de la manière orgueilleuse et sans miséricorde dont ils se servent pour lever les impôts que *le roi est forcé* d'exiger de ses sujets *pour soutenir sa gloire et les intérêts de sa couronne*, contre tant d'ennemis ligués et jaloux de sa Grandeur.... *Elle fait mille fois plus de peine à tous les peuples que l'impôt même.*

On comprend maintenant pourquoi la première représentation de *Turcaret* était reculée indéfiniment par les comédiens et les comédiennes, plus accessibles sans doute que l'auteur aux arguments et aux espèces de Messieurs les partisans, pourquoi ce dernier en appelait à l'opinion publique par des lectures réitérées dans les salons, pourquoi enfin la pièce fut jouée *par ordre*. L'ordre officiel n'existe plus aux archives de la Comédie, mais il y a été vu et copié par les frères Parfaict. Il porte la date du 13 octobre 1708, et les considérants en sont précieux; les voici : « Monseigneur étant informé que Messieurs les comédiens du Roi *font difficulté* de jouer une petite pièce intitulée : *Turcaret ou le Financier*, ordonne auxdits comédiens de l'apprendre et de la jouer incessamment ». Cet ordre, sans réplique possible, put être donné ou par le grand Dauphin, qui s'était vu *refuser d'argent* par les traitants, ou par le duc de Bourgogne et son conseil, « le gouvernement des saints », alors tout-puissant, et qu'inspirait Fénelon. On sait en effet les sentiments de l'archevêque de Cambrai pour ces fastueux créanciers de l'État, et qu'il proposa de leur faire faillite, tout simplement, l'Église interdisant l'usure.

La comédie de *Turcaret* vint donc à son heure. Inspirée peut-être par des rancunes personnelles de l'auteur, mais à coup sûr écho fidèle de la haine publique contre les hommes d'argent, elle marque avec éclat une phase curieuse de la lutte des classes sous l'ancien régime, et une date mémorable de la longue histoire de la *ploutocratie* moderne, comme dira le marquis d'Auberive dans *les Effrontés*. Toutefois l'auteur devait se hâter s'il voulait faire rire le public à sa pièce, car, quelques années plus tard, l'étendue des ruines accumulées par le *Système* eût obligé tout le monde d'y pleurer de rage.

On verra qu'il eut le mérite d'y réussir plus qu'on n'a dit, outre celui d'écrire un chef-d'œuvre. Mais il nous reste à montrer qu'il fut aidé, dans cette double tâche, non seulement par le pouvoir et l'opinion, par La Bruyère et par les pamphlets que nous venons d'exhumer, mais aussi et plus directement encore, par une douzaine de pièces de théâtre antérieures à la sienne. Une revue rapide de ces antécédents littéraires de *Turcaret* achèvera de déterminer l'opportunité et la portée historique de cette comédie, tout en mesurant l'originalité de son auteur.

III

Une esquisse de Molière fut le premier modèle de Lesage. M. Harpin, receveur des tailles des 269 paroisses de l'élection d'Angoulême, taxée à 400 000 livres, est un financier notable. Il a le verbe haut, et quand il vient troubler la fête, en déclarant qu' « il n'est point d'humeur à payer les violons pour faire danser les autres », il a déjà le ton et l'encolure de Turcaret. Poussez le rôle au premier plan; prêtez à M. Harpin les versets grotesques de Tibaudier; affinez la comtesse d'Escarbagnas et son vicomte, et vous avez là, à n'en pas douter, le germe d'où naquit *Turcaret*.

Voici d'ailleurs d'autres variétés du même type dont Lesage fera son profit et qui ont contribué à lui préparer un parterre capable de supporter et d'apprécier toutes les audaces de sa pièce. C'est d'abord le financier Persillet, introduit par le malin Noland de Fatouville sur cette scène italienne que Lesage connaît bien et à laquelle il empruntera même le nom de M. Rafle. Persillet, qui est, en outre, un usurier, comme tous ses pareils, a le faste et le mauvais goût de Turcaret dans son costume « tout chargé de rubans rouges » et aussi dans le langage de ses déclarations, témoin celle-ci : « Madame, si un peu de fortune broyée avec beaucoup d'amour pouvait rendre un homme comme moi supportable... ». Et quelle impertinence sur le chapitre des femmes! « Il faut avouer, s'écrie le fat, que les femmes de qualité ont bien de la peine à se rendre; il n'en échappe pourtant guère à nous autres financiers. » Il ne disait que trop vrai, comme le prouvent surabondamment les papiers secrets du surintendant Fouquet et tant de marchés honteux conclus, au rapport de Saint-Simon et de Mme de Sévigné, par des baronnes plus authentiques que celle de *Turcaret*. Ce coquin appelle sa corporation « la pépinière de la noblesse », ce qui fait songer au mot de Montesquieu sur « le corps des laquais », qui est en France « un séminaire de grands seigneurs ». Il débite une cynique apologie de la banqueroute, et en exécute une avec la complicité de sa femme qui d'ailleurs, aidée de sa fille, le ruine par son luxe. Du moins celle de Mercadet sera honnête. Ce *banqueroutier* de Fatouville, tout contemporain qu'il est des *Caractères*, est déjà fort près, ce nous semble, de Turcaret, pour ses hardiesses.

Puis vient Dancourt avec ses croquis si alertes et si réalistes de financiers qui auront tant de traits communs avec le héros de Lesage : M. César-Alexandre Patin, dans *l'Été des coquettes*, est décrassé par Mlle Angélique. Il lui donne à souper avec un musicien qui fait des paroles sur des vers de son cru, et il paie scrupuleusement à sa belle ses dettes de jeu, en ornant son billet doux du style de la finance. M. Farfadel, dans *la Foire Saint-Germain*, dont toutes les femmes, « grisettes et femmes de qualité », sont folles, à l'en croire, dit à l'une qu'il veut l'épouser, donne de l'emploi aux frères ou aux cousins de l'autre, et lorsqu'il a soupé trois ou quatre fois avec la demoiselle, « crac, il les révoque », ce qui est justement l'accident redouté par Flamand et qu'il prie la baronne de lui épargner. Mme Thibaut, l'héroïne de *la Femme d'intrigues*, la *faiseuse*, nous offrira dans la scène avec Gabrillon, son homme de paille, un défilé de dupes, saluées au passage de mots crus et durs, qui est tout à fait analogue à celui de la fameuse scène entre Rafle et Turcaret. Mais *le Retour des officiers* provoquera un rapprochement plus notable encore. M. Rapineau, sous-fermier, qui rêve d'épouser une femme de qualité, y voit ses projets rompus par son frère Maturin, lequel joue un rôle fort semblable à celui de la sœur de Turcaret. Pour se venger d'avoir été dépouillé par Rapineau de la commission de « rat de cave de campagne », qui était le prix de son silence, ce Maturin vient crier leur parenté et celle d'une sœur, Nicole, « qui garde des vaches auprès de Corbie », ce qui fait un dénouement fort semblable à celui de *Turcaret*. Ce ne sont pas là des rencontres fortuites. Elles ne diminuent pas la gloire de Lesage, mais elles commandent qu'on y associe ceux qui eurent l'honneur de lui servir de modèle et qu'on oublie trop aisément.

Il faut compter enfin, au premier rang, parmi les pièces qui facilitèrent les audaces de *Turcaret*, l'*Esope à la cour* de Boursault. M. Griffet, « homme important » qui veut « mourir au lit d'honneur, être fermier », tout comme le Valette du *Duc Job* voudra être agent de change et « monter au parquet », y donne une cynique explication du « tour de bâton » et de tous les revenants-bons du métier sur lesquels Turcaret sera trouvé trop discret. Cette pièce aura même l'honneur de venger la morale à l'époque du *Système*, en suppléant sur la scène de Molière *Turcaret*, que les démêlés de l'auteur et des comédiens en tenaient exilé.

Quant aux autres ridicules des gens de finance que la comédie de Lesage résumera et incarnera devant la postérité, on pourrait les trouver épars dans le reste du théâtre de Dancourt, dans la *Critique du Légataire* et *le Joueur* de Regnard, dans *la Coquette* et *la Fausse Prude* de Baron, dans *l'Esprit de contradiction* de Du Fresny.

Mais il suffit. On voit que la scène comme le pouvoir, la cour, la ville et, au besoin, le peuple étaient préparés à accueillir et à goûter *Turcaret*. Les documents foisonnaient autour de l'auteur sans qu'il eût à remonter jusqu'à *Trimalchion*, comme l'insinue Voltaire; les circonstances sollicitaient sa verve; il n'avait plus qu'à s'inspirer de son honnêteté et de son génie.

IV

A Cléofas qui lui demande pourquoi une traduction du *Misanthrope* a été très mal reçue à Madrid, Asmodée répond que les Espagnols, étant capables d'une extrême attention, aiment l'embarras agréable où les jettent les pièces d'intrigue, tandis que les Français, qui n'aiment pas qu'on les occupe et dont l'humeur est satirique, se bornent volontiers au plaisir de voir tourner leur prochain en ridicule; que d'ailleurs les plus belles pièces espagnoles traduites en France n'y auraient aucun succès; et qu'un auteur de ce pays-là en a fait la triste expérience il n'y a pas longtemps. « Mais quelle sorte de comédie est la meilleure, réplique don Cléofas, d'une pièce d'intrigue ou de caractère? — C'est une chose fort problématique », repartit le diable, etc. Ce dialogue avait lieu en 1707. Or justement à cette date Lesage, instruit par sa *triste expérience*, tranchait le problème à sa guise en écrivant *Turcaret* qui n'est ni une comédie d'intrigue, ni une comédie de caractère, mais une comédie de mœurs, et, à vrai dire, la première en date qui mérite ce titre.

Il comprit que dans la voie nouvelle qu'il s'ouvrait, il devait s'interdire ces intrigues savantes dont il avait d'ailleurs appris le secret à si bonne école. Outre l'inconvénient d'être peu goûtées du public français, ces sortes d'intrigues avaient à ses yeux celui d'exiger une attention qu'il voulait désormais tout entière pour sa peinture des mœurs. Néanmoins ne prenons pas trop à la lettre, dans *la Critique de Turcaret,* la boutade d'un cavalier espagnol contre *la sécheresse de l'intrigue.* Il y a là un peu de malice de la part de l'auteur. Sans répéter non plus avec Geoffroy que l'intrigue de *Turcaret* est « un chef-d'œuvre d'art et de conduite », et tout en observant que les entrées et les sorties des personnages sont traitées à la cavalière, qu'il y a beaucoup de scènes à tiroir comme celles de Rafle et de Flamand, il faut convenir pourtant que l'exposition est fort nette, que les principaux personnages y sont vite et bien posés, que l'intérêt y est suffisamment noué par l'attente où l'on est de l'effet des menaces de Marine quand elle est allée découvrir le pot aux roses à Turcaret, et qu'en somme l'action est lancée avec une vitesse suffisante. Le « ricochet de fourberies » va ensuite son train, et fort joliment, laissant toujours la place libre aux situations qui peignent les mœurs et les caractères, amenant et préparant, avec assez de vraisemblance, les rencontres si plaisantes du dénouement, un des plus comiques qui soient au théâtre.

Le naturel et l'agilité d'un dialogue exempt de tirades et de mots d'auteur, la vérité mordante d'un style tantôt naïf comme celui de Molière, tantôt spirituel comme celui de Regnard, contribuent, avec la transparence de l'intrigue, à donner un plein relief à la peinture des personnages et du milieu où ils évoluent.

Il convient toutefois de ne pas surfaire l'originalité de ceux qui entourent Turcaret. Il n'en est pas un qui n'eût déjà son pendant et même son modèle dans le répertoire comique. Combinez les coquetteries et coquineries des « demoiselles de la moyenne vertu », mises en scène par Dancourt, y compris Mme Thibaut *la faiseuse*, avec l'élégant sans-gêne de la Dorimène du *Bourgeois gentilhomme*, et vous avez la baronne. Sur ce point même, Lesage semble aller spirituellement au-devant de la remarque, quand sa Mme Jacob se présente *de la part de Mme Dorimène*, laquelle est une amie de la maison évidemment, puisque la porte s'ouvre aussitôt. Et cette Mme Jacob elle-même n'est-elle pas une vieille connaissance? Comme Frosine, elle n'a « d'autres rentes que l'intrigue et l'industrie »; à l'exemple de l'entremetteuse de *l'Avare*, elle fait des mariages légitimes et peut-être aussi les autres, quoi qu'elle en dise, tout comme ses aïeules, les vilotières du temps jadis, la *Macette* de Régnier et la *Vieille Auberée* de nos *fableors*. Le chevalier de *Turcaret* est pris tout vif du *Chevalier à la mode*. On se souvient qu'à la fin de cette pièce, le héros sort pour aller retrouver sa vieille baronne « jusqu'à ce qu'il vienne quelque meilleure fortune ». Cette fortune est venue sous les traits de la jeune baronne de Porcandorf, née de la Dolinvillière, et le chevalier continue avec elle son même et équivoque manège. Le rôle du marquis libertin, délicieux d'ailleurs, est peint d'après Dancourt et surtout d'après Regnard, dans *le Retour imprévu*, autant que d'après les mœurs du temps. La friponnerie sarcastique de Frontin et de Lisette est une suite naturelle et peut-être un peu encombrante des exploits du même couple dans *Crispin rival*. Signalons pourtant le comique des scrupules de Marine, « cette espèce de mère », et le plaisant des niaiseries ineffables de Flamand, comme autant de nuances de haut goût dans ces rôles de valets déjà si difficiles à renouveler. Reste Turcaret.

V

Il procède évidemment de tous les financiers de théâtre que nous venons d'énumérer, et notamment de M. Harpin dont il cumule les ridicules avec ceux de M. Jourdain, étant usurier d'ailleurs comme Harpagon, mais il est surtout, suivant la recette de Molière, peint d'après nature.

Il personnifie, avec un relief admirable, ces ridicules, ces travers et ces vices des traitants qui défrayaient les pamphlets du temps, comme nous l'avons montré, autant du moins que la bienséance nous le permettait. Sa condition d'abord est définie avec une précision suffisante pour que nul n'en ignore. Il est fils d'un maréchal de Domfront et époux volage de la fille de M. Briochais, pâtissier dans la ville de Falaise. Après avoir été laquais du grand-père du marquis de la Tribaudière, il est devenu *traitant*, réalisant le rêve de Crispin. Il fait partie d'une *compagnie* où l'on se pique de ne pas laisser entrer un *pied-plat* et il a pour associés des gentilshommes. Il fait des commis et même des directeurs, et il les envoie jusqu'en Canada. Sa prose est signée et approuvée de quatre fermiers généraux. N'en doutons pas, il traite de pair à compagnon avec les Bourvalais, les La Noue, les Deschiens, les Soligny, et autres héros de nos libelles. Il a leur faste ou leur rapacité, selon l'occasion et la tentation : il envoie à sa maîtresse des billets au porteur de 10 000 écus, mais il lésine sur la pension de sa femme, et il fait tenir un bureau d'usure par un homme de paille, gardant du reste à travers ses fureurs d'amant trahi qui brise tout, ce coup d'œil de l'homme d'affaires qui lui permet d'évaluer au plus juste le prix de la casse. Il a aussi leur insolence et leur sottise, et cette insolence a un accent plébéien qu'on démêle aisément dans la grande scène de jalousie très curieuse à comparer, pour la différence si naturelle du ton, avec celle du *Misan-*

thrope ; et cette sottise, immortelle d'ailleurs chez ses pareils, n'est-elle pas peinte au vif, sous le grossissement nécessaire à la scène, quand Turcaret assure de sa flamme sa Philis,

> Comme il est certain que trois et trois font six,

ou quand, pour prouver qu'il a le goût de la musique, il s'écrie qu'il est abonné à l'Opéra et qu'une belle voix soutenue de la trompette — déjà si chère à M. Jourdain — le jette dans une douce rêverie ? Enfin il a au plus haut degré l'immoralité et la sécheresse de cœur de ses odieux modèles. Il laisse gueuser les siens, justifiant cet autre mot de La Bruyère : « Il y a une dureté de complexion : il y en a une autre de condition et d'état. Un bon financier ne pleure ni ses amis, ni sa femme, ni ses enfants. » Enfin ne va-t-il pas jusqu'à faire horreur dans la magistrale scène avec M. Rafle, où il décèle cyniquement les infamies de ses usures et de ses pots-de-vin, avec ce mot féroce sur le pauvre diable de directeur qu'on a volé, qui crie pitié et qu'il va faire révoquer afin de donner son emploi à un autre pour le même prix : « Trop bon ! Trop bon ! Eh ! pourquoi diable s'est-il donc mis dans les affaires !... Trop bon ! Trop bon ! »

Mais ce sont là des traits sur lesquels Lesage s'est bien gardé de revenir. Il lui suffisait de prouver dans cette scène et aussi dans celle de M. Furet que si « les affaires ont des mystères qui ne sont point ici développés », l'auteur connaissait néanmoins tous ces mystères, mais qu'il voulait se borner à montrer « l'usage que les partisans font de leurs richesses ». Et certes aucune autorité ne le gênait ici. Pour des raisons analogues à celles qui lui avaient fait donner l'ordre de jouer *Turcaret*, le pouvoir n'eût pris aucun ombrage d'un tableau des secrets de l'agio. On en a la preuve, puisque Dancourt pourra l'esquisser en toute liberté, un an plus tard, dans sa comédie des *Agioteurs*. C'est une raison de goût qui a décidé Lesage à ne pas insister sur les dessous du rôle de Turcaret. Il voulait éviter l'odieux, et c'est pour permettre le rire, qu'il grossit le côté plaisant des rôles du marquis, de Mme Jacob, de Turcaret lui-même, qui est si bonne dupe que la baronne s'écriera avec le parterre : « Il me paraît qu'il l'est trop, Lisette. Sais-tu bien que je commence à la plaindre? »

L'ensemble de la peinture n'y perd rien en vérité, elle y gagne en souplesse, et, à cette estime et à ce respect près pour certains financiers, que Lesage a relégués avec malice dans sa *Critique*, la lecture de *Turcaret* nous jette dans le même tumulte de sentiments que les partisans de La Bruyère : « Ils nous font sentir toutes les passions l'une après l'autre : l'on commence par le mépris à cause de leur obscurité; on les envie ensuite, on les hait, on les craint, on les estime quelquefois et on les respecte; *l'on vit assez pour finir à leur égard par la compassion.* » C'est en effet avec de la compassion, ou quelque chose d'approchant, que nous apprenons que Turcaret a été emporté vers une maison de sûreté, dans un fiacre, ce « corbillard du spéculateur », selon le mot de Mercadet.

VI

Lesage a donc calculé ses silences comme ses audaces, et son calcul fut encore juste en cela, même aux yeux du parterre de son temps. C'est un dernier point qu'il importe d'établir, car les critiques qui marchandent encore leur admiration à *Turcaret* tirent volontiers un argument du prétendu insuccès de la pièce à son apparition.

Turcaret n'eut en effet que sept représentations, *dans sa nouveauté*, comme on disait alors. La modestie de ce chiffre appelait les commentaires, et on les a prodigués, mais on s'est beaucoup plus étonné du fait qu'on n'en a cherché les vraies causes. Elles sont pourtant intéressantes à démêler et jettent un jour assez vif sur les habitudes et les goûts du parterre, à l'époque où parut *Turcaret*.

Les admirateurs de Lesage et tous ses biographes, notamment le consciencieux Audiffret, accusent l'hiver de 1709 d'avoir interrompu les représentations de *Turcaret*, à la septième, en « faisant fermer le théâtre ». C'est une erreur. Le théâtre ferma le 13 janvier, et du 14 au 23, mais il rouvrit le 24, pour ne plus fermer. Or la première de *Turcaret* est du 14 février. L'hiver est donc innocent. Il l'est d'autant plus qu'à vrai dire l'échec de *Turcaret* fut très mitigé, si même il y eut échec. Qu'on en juge.

La pièce fit, à la septième et dernière représentation, une recette de 653 livres 4 sols. Voilà le fait, mais pour l'interpréter, il faut consulter les mœurs théâtrales du temps.

Si l'on prend la moyenne des représentations et des recettes des comédies jouées au Théâtre-Français pendant une douzaine d'années avant 1709, on constate d'abord que sept représentations donnent un chiffre honnête pour l'époque. Passons sur les comédies sans lendemain, *mort-nées*, comme dira Figaro, telles que *l'Aventurière* de Visé, ou qui ne vont même pas jusqu'au bout de leurs cinq actes, et sont arrêtées net au troisième par les sifflets du parterre, comme *la Malade sans maladie* de Du Fresny. Mais voici *l'Esprit de contradiction* et *le Double Veuvage*, les deux chefs-d'œuvre du même Du Fresny, tenus pour deux succès par les frères Parfaict : ils ont l'un et l'autre dix représentations. Dix est encore le chiffre que ne dépasse pas *Ésope à la cour*. *Le Joueur* et *le Légataire universel*, dont le succès d'argent fut célèbre, atteignirent l'un dix-huit représentations, l'autre vingt. Nous ne voyons que Dancourt qui franchisse la vingtaine, trois ou quatre fois, voire même la trentaine, avec *le Diable boiteux*, en un acte, et qui atteigne une fois la quarantaine, avec *le Chevalier à la mode*; et encore sa *Madame Artus*, qui aura tant de reprises, s'était arrêtée à la cinquième représentation en 1708, avec une recette de 211 livres 16 sols. Et puis l'acteur-auteur Dancourt était de la maison, et pouvait obtenir une survie pour ses pièces, même quand elles étaient tombées « dans les règles », c'est-à-dire quand la recette avait été inférieure à 500 livres en hiver, à 300 en été, selon le règlement en vigueur depuis 1697. Or on voudra bien remarquer précisément que *Turcaret* n'était pas *tombé dans les règles*, quand on en suspendit les représentations. Et pour ne pas faire trop fi de ce chiffre de 653 livres 4 sols, on le comparera à celui de 454 livres 16 sols qui est le total de la recette de *Madame Artus* dès la seconde; à celui de 173 livres 4 sols où était tombée, le mois précédent, à la quatorzième et dernière, *Électre*, soutenue du *Florentin*; enfin à « la chambrée » du *Cid*, qui fut de 333 livres, le 2 mars, le lendemain de la septième et dernière de *Turcaret*.

Pourquoi donc la comédie de Lesage ne fournit-elle pas une plus longue carrière? Nous n'hésitons pas à affirmer, avec les frères Parfaict, que ce fut pour des « causes étrangères au mérite de cette comédie ». Nous croyons que seule la cabale organisée par les traitants « en suspendit le plein succès ».

Impuissants à empêcher la première représentation de la pièce, qui avait eu lieu *par ordre*, ils intriguèrent dans le parterre et dans les coulisses pour la faire tomber. Le mot d'ordre fut donné au parterre avec une très grande habileté. *Les mœurs peintes de trop près*, l'insuffisance de la peinture des *mystères des affaires*, la *sécheresse de l'intrigue*, tous les personnages *haïssables*, voilà les objections que les *clefs de meute* criaient *auprès de l'orchestre*. Leur portée dépasse fort l'esprit des Turcarets, et décèle la main des bons confrères, le « venin » des auteurs plus ou moins cinglés par *le Diable boiteur*, et que Lesage nous montre, dans sa *Critique de Turcaret*, formant « des pelotons dans le parterre » et faisant chorus avec les « commis ». Elle est singulièrement avisée cette *Critique*, qui, au témoignage des frères Parfaict, encadra « les premières représentations » ! Il fallait bien, pour aller si vite et si droit au-devant de toutes les censures, que Lesage les eût devinées ou qu'il les eût entendu formuler dans les salons où il avait cherché et trouvé des appuis, en faisant des lectures multipliées de sa pièce avant la représentation. Il y constate d'ailleurs que « les ris sans cesse renaissants des personnes qui se sont livrées au spectacle » triomphaient des cabales.

Mais, tenus en respect par le parterre, les traitants l'emportaient depuis longtemps dans la coulisse, et nous n'en voulons pour preuves que les retards calculés qu'avait subis la pièce et dont fait foi la teneur même de l'ordre de *Monseigneur*. On pense si, obligés de jouer *Turcaret* par ordre, les comédiens se dédommagèrent sur l'auteur, avec leur impertinence ordinaire, au temps jadis, celle qu'il peindra au vif dans *Gil Blas* ! C'est même dans cet épisode qu'il faut chercher, de toute évidence, la première cause de cette brouille de Lesage avec la Comédie-Française qui le fit aller droit chez les *forains*, ces ennemis jurés de messieurs les Comédiens du roi, des *Romains*, comme il les appelait plaisamment. D'ailleurs l'année théâtrale finissait cette année-là le 16 mars, et les comédiens n'eurent garde de reprendre *Turcaret* à la réouverture, qui eut lieu le 9 avril.

Tels sont les faits d'après les documents; il est donc inexact de dire que le parterre fit échec à *Turcaret*. Nous pouvons d'ailleurs prouver que dès qu'il fut libre de manifester ses sentiments sur la pièce, ils furent aussi élogieux qu'on devait s'y attendre. Nous nous disions que Montmesnil étant entré à la Comédie-Française, avait réconcilié sans doute son père avec ses confrères, et qu'une reprise de *Turcaret* avait dû être le premier gage de cette réconciliation : en effet, le précieux registre de la Comédie nous apprend que *Turcaret* eut neuf représentations, du 13 au 29 mai 1730, et dix-huit pour l'année théâtrale de 1730 à 1731, avec une triomphante recette de 1,037 livres le 24 mai. La question nous paraît tranchée.

Non, le parterre contemporain de Lesage, si ému qu'il ait pu être par les objections des *clefs de meute* contre *Turcaret*, n'en méconnut pas le mérite littéraire et il en goûta l'amertume vengeresse. Sans doute il ne sut ni saluer ni deviner dans son auteur le seul comique qui fût alors capable de relever la scène de Molière réduite au répertoire, ou retombant en proie au pêle-mêle des pochades de Dancourt, aux *Dancourades*, comme on disait alors, ou à des farces telles que *la Foire Saint-Laurent* de Legrand, ou à des platitudes, comme *le Jaloux désabusé* de Campistron, ou à de gauches décalques de *Don Quichotte*, comme *le Curieux impertinent* de Destouches, car voilà les plus heureux et immédiats successeurs de Turcaret. Mais le public de 1707 lui-même accorda à Lesage, « en dépit des cabales », un succès d'estime qui avait son prix dans l'espèce, puisque le parterre de nos jours en refuse l'équivalent aux plus authentiques disciples de l'auteur de *Turcaret*, à celui des *Corbeaux*, par exemple.

Pour achever de mesurer la portée historique et la fécondité de ce chef-d'œuvre qui inaugure dans l'histoire du théâtre français la grande comédie de mœurs, à peine esquissée dans *le Bourgeois gentilhomme* et dans *la Comtesse d'Escarbagnas*, il nous suffira de considérer bientôt sa postérité.

Mais enfin nous voici en face de l'œuvre maîtresse où le génie de notre peintre des mœurs, s'affranchissant à la fois de l' « étroite bienséance » de la scène et de toute gêne politique, put se déployer à l'aise.

CHAPITRE IV

« GIL BLAS »

Il y a encore une *Question du Gil Blas*, c'est-à-dire qu'avant de louer les mérites de son auteur, on est obligé de démontrer qu'ils sont originaux. Cette démonstration trop négligée par la critique française, depuis le mémoire plus ému que convaincant du comte de Neufchâteau, vient d'être prise au sérieux par elle, et ses derniers efforts l'ont fort avancée. Nous croyons pouvoir la terminer et ôter enfin aux lecteurs réfléchis du *Gil Blas* une inquiétude capable de troubler leur plaisir. Puissions-nous être le dernier critique de Lesage qui aura eu à agiter cet irritant mais encore inévitable problème.

Il a déjà une longue histoire, dont nous ferons grâce au lecteur, pour prendre la question où nos devanciers l'ont laissée. Rappelons seulement que depuis plus d'un siècle, Lesage est accusé d'avoir pillé un roman espagnol. Posée bruyamment par Voltaire, embrouillée par une mystification du P. Isla, envenimée par de graves dissertations d'un autre Espagnol, Llorente, reprise avec insistance par d'autres critiques espagnols, américains, allemands, cette question de plagiat a été élevée à la hauteur d'un débat international. Elle a eu du moins le mérite de provoquer une vaste enquête qui a mis sur la trace des véritables sources espagnoles du *Gil Blas*. Leur liste même incomplète a suffi à démontrer qu'elles étaient très diverses. Ainsi croulait l'hypothèse d'un manuscrit espagnol acquis par M. de Lyonne, dans son ambassade d'Espagne, et communiqué par l'abbé de Lyonne à Lesage, son protégé, qui l'aurait détruit après l'avoir pillé à son aise.

Mais en une si obscure matière, pour mettre à néant des revendications où le patriotisme des uns et la malice des autres trouvent leur compte, il ne suffit pas d'en montrer l'invraisemblance : on nous le fit bien voir, dans la critique des Deux Mondes. Il faut les réduire à l'absurde et c'est ce que d'heureuses trouvailles vont nous permettre de faire.

Les mœurs et les intrigues de la cour de Madrid, sous Philippe III et Philippe IV, sont peintes et contées par Lesage avec une si curieuse connaissance du détail des faits, et avec une si exacte fidélité de couleur locale, que tous ses critiques espagnols, depuis le P. Isla, ont vu là la preuve la plus forte du plagiat dont ils l'accusaient. Pour les plus modérés d'entre eux, les parties du *Gil Blas* qui mettent en scène les ducs de Lerme et d'Olivarès, avec leur politique, leur entourage, leurs affaires, leur famille et leurs plaisirs les plus intimes, c'est-à-dire les livres VIII, XI et XII, attestent évidemment que Lesage a suivi pas à pas un modèle espagnol; et les plus intransigeants de ces censeurs, plus patriotes que judicieux, ne manquent pas de ressusciter à ce propos l'introuvable manuscrit si ardemment visé par Llorente. Là est aujourd'hui le nœud de la question, comme le constate M. Brunetière, le critique dont l'autorité a forcé récemment le public français à considérer toute l'importance et toute l'étendue de cette querelle littéraire.

Mais si toutes les sources où a puisé Lesage pour ses livres VIII, XI et XII étaient françaises, que diraient les Espagnols et leurs auxiliaires? Ils n'auraient plus, ce nous semble, qu'à demander la preuve du fait. La voici.

Les sources historiques du *Gil Blas* sont au nombre de trois, et le plus piquant de la chose, c'est qu'elles sont imprimées. La première est une traduction française d'un pamphlet politique du satirique italien *Ferrante Pallavicino*, intitulé *la Disgrazia del conte d'Olivarès*. Écrit en Espagne, sous la dictée des faits, pour un prince italien, ce pamphlet eut en France un tel succès qu'il en fut donné deux traductions, l'une en 1644, par Jean Guibaud, à Villefranche, l'autre à Paris, en 1650, par un anonyme, qui n'est autre qu'André Félibien, et cette dernière est celle qu'a suivie Lesage.

La seconde source où il a puisé et à pleines mains, tant pour Lerme que pour Olivarès, est encore un opuscule traduit de l'italien et intitulé *Anecdotes du comte-duc d'Olivarès, tirées et traduites de l'italien du Mercurio-Siry* (*sic*), par M. de Valdory, Paris, 1722. Ce libelle dut avoir une grande vogue, d'après la préface, et justement — la remarque importe — dans le temps que Lesage composait cette partie du *Gil Blas*, qui parut en 1724 et où il mène son héros à la cour. Joignons-y une troisième source où il a pris un supplément d'informations, notamment la matière des deux mémoires politiques rédigés par Gil Blas pour le comte d'Olivarès. C'est une apologie du début du ministère d'Olivarès qui a pour titre courant : *le Ministre parfait ou le Comte-Duc*, et pour titre général : *Histoire du Comte-Duc avec des réflexions politiques et curieuses, Cologne, 1683.*

On n'a qu'à lire parallèlement le texte de ces brochures, surtout celui des deux premières, et le *Gil Blas*, au courant des livres VIII, XI et XII, pour voir que toute la matière historique de ces trois livres est prise de ces trois libelles, et pour relever à foison les traces matérielles des emprunts de Lesage. En effet leur évidence n'éclate pas seulement dans l'identité des faits, mais aussi et surtout dans celle des termes.

Donnons-en quelques échantillons caractéristiques, entre cent. Ils suffiront amplement à une démonstration dont un futur éditeur du *Gil Blas* pourra maintenant multiplier les preuves à son gré.

On lit dans *Gil Blas* : (l. XII, chap. IX).	On lit dans Valdory :
Lorsque ce ministre fut informé que le roi écoutait ses ennemis, il s'avisa de lui écrire un billet pour lui demander la permission de *se démettre de son emploi*, et de s'éloigner de la cour, puisqu'on lui faisait l'injustice de lui *imputer* tous les malheurs *arrivés à la monarchie pendant le cours de son ministère.*	Il écrivit un billet à ce monarque par lequel il le suppliait de vouloir bien lui accorder la permission de se décharger du poids du gouvernement, *de se démettre de ses charges*,... attendu que tous les désastres et les mauvais succès *arrivés à la monarchie pendant son ministère lui étaient imputés.*

Olivarès se décide à la retraite :

Comme il craignait, dit Lesage, d'être insulté par la populace, en sortant du palais, il s'échappa de grand matin *par la porte des cuisines, monta dans un méchant carrosse*, etc.	Afin de s'assurer de ce côté-là, dit Félibien, il sortit *par les portes des cuisines et se mit dans un méchant carrosse*, etc.

Quant à l'identité des faits dans *Gil Blas* et dans ces brochures, elle va jusqu'à celle des erreurs. Olivarès est mort dans sa seconde retraite de Toro, or pourquoi Lesage le fait-il mourir dans sa première retraite de Loeches? C'est parce que le récit de Valdory est muet sur la retraite à Toro. Le comte de Neufchâteau reproche à Lesage de comparer Olivarès dans sa retraite à Denys de Syracuse, maître d'école, et non à Dioclétien, mais quel est le coupable, si coupable il y a? C'est encore le texte de Valdory.

Enfin une dernière remarque et qui est assez plaisante : Llorente, rencontrant dans *Gil Blas* le mot *amirante* (amiral) accolé à celui de connétable, triomphe bruyamment et de la forme espagnole du mot et de ce fait qu'il n'y avait plus ni amiral ni connétable en Espagne en 1735, époque où Lesage écrivait sa troisième partie de *Gil Blas*, Philippe V ayant aboli ces deux grades. Il présente ce fait comme une preuve à peu près irréfutable de l'existence du fameux manuscrit de Solis. Admettons un moment que Lesage n'ait pu être renseigné que par ce manuscrit sur l'existence d'amiraux et de connétables en Espagne sous Philippe IV, et arrêtons-nous à ce formidable *amirante*. Citons d'abord le passage de *Gil Blas* où il se lit :

> De toutes les choses chagrinantes que mon maitre apprit, celle qui parut l'affliger davantage fut le changement qui se fit dans la vice-royauté de Naples, que la cour, pour le *mortifier seulement*, ôta au duc de Medina de las Torrès qu'il aimait pour la donner à l'AMIRANTE DE CASTILLE qu'il avait toujours haï.

Or voici justement le mot visé et sous sa forme espagnole dans le texte de Valdory :

> Dans le même temps l'AMIRANTE DE CASTILLE, aussi ennemi du comte d'Olivarès, fut nommé à la vice-royauté de Naples, à la place du duc de Medina de las Torrès qui fut destitué *seulement* en vue de *mortifier* ce premier ministre qui avait pour lui une singulière affection.

Lesage n'est-il pas bien vengé ? En tout cas, n'en déplaise à M. F. de Navarette, la question n'était rien moins qu'insoluble (*Cuestion es esta que nunca se resolvera*), et la voilà résolue puisque les sources historiques des livres VIII, XI et XII du *Gil Blas* nous sont maintenant connues et qu'elles sont françaises. Le manuscrit fantôme d'Antonio de Solis, évoqué par Llorente, vu par M. de Bocous à l'Escurial, où on ne l'a plus revu, s'évanouit. Espérons qu'il ne hantera même plus les cervelles des songe-creux de la critique étrangère.

Reste la dette réelle de Lesage envers l'Espagne. On peut allonger encore la liste de ses emprunts aux nouvellistes et aux dramaturges espagnols, en ajoutant par exemple ses réminiscences évidentes du *Lazarille de Tormes*, dans les apologies des métiers d'ermite et de gueux, ou encore dans les orgies d'Ambroise et de ses béates, à la quinzaine d'épisodes imités de l'*Obregon*, du *Soldado Pindaro*, du *Conde Lucanor*, d'*Estebanillo Gonzalez*, de ces drames et comédies de Cordovas, de Rojas, de Mendoza, qui ont pour titre : *Todo es enredos en amor*, *Casarse por vengarse*, *Los Empeños del Mentir*, et on trouve, en mettant bout à bout toutes ces imitations et d'autres, que leur total va à peu près au cinquième de la matière du roman. Mais le *Gil Blas* entier fût-il imité ainsi de l'espagnol, que l'originalité de son auteur serait encore du même ordre que celle de Corneille à l'égard de Guilhem de Castro. Sans parler ici de son style, dont les mérites suffiraient à l'affranchir de toute comparaison avec ses modèles, il garderait partout sur eux la supériorité d'un goût et d'une verve inventive dont on aura la mesure, en se reportant par exemple à l'original des aventures du muletier incontinent, ou de celles du barbier Diego, dans l'*Obregon*. Que l'on consulte à ce propos, à côté du texte, la traduction d'Audiguier, que Lesage avait certainement sous les yeux, et l'on sentira encore mieux tout ce qu'il dépensa d'originalité dans l'invention et l'agencement d'une foule de détails qui contribuent délicieusement à la vérité, au pittoresque et au dramatique de l'ensemble.

D'autre part, ne regardons plus à la quantité de ces emprunts, mais à leur nature et à la manière dont ils sont distribués dans l'œuvre. Nous constaterons d'abord que, picaresques ou romanesques, ils ont tous le caractère épisodique et n'ont influé en rien sur la conception première du *Gil Blas*. Nous serons frappés ensuite et surtout de leur accumulation dans les quatre premiers livres, et de leur rareté dans les autres. De là une conclusion essentielle pour l'histoire de l'esprit de notre auteur. Jusque dans son chef-d'œuvre il a commencé par suivre la même marche que dans ses imitations précédentes, plus ou moins libres. La modestie naturelle de son esprit l'a toujours tenu très près de ses sources espagnoles au début de ses œuvres; mais il s'en est écarté ensuite d'une œuvre à l'autre avec une vitesse toujours croissante comme le progrès même de son talent. Cette imitation, qui était une sujétion avouée pendant la première moitié de son *Don Quichotte*, et se réduisait aux proportions d'un simple cadre dans *le Diable boiteux*, n'est plus, dans l'ensemble du *Gil Blas*, que l'exercice hautain de ce droit du génie dont avaient usé avant lui et vis-à-vis des mêmes modèles les Corneille et les Molière, sans compter les Scarron et vingt autres qui prenaient leur bien où ils le trouvaient.

II

En examinant, pour la vider enfin, cette vieille querelle du *Gil Blas*, nous avons rencontré les sources où Lesage avait puisé pour nourrir et varier son chef-d'œuvre. Mais d'où lui en étaient venus l'idée première et le plan? Quelle part y avaient eue ses lectures, ses observations et son imagination? Voilà la vraie *question de Gil Blas.*

Dans sa traduction de *Guzman d'Alfarache*, Chapelain conclut en ces termes une très érudite et très sagace dissertation sur toute la littérature picaresque et sur ce roman qui *y tient le premier lieu* : « Si nos Français le voulaient entreprendre, je tiens qu'ils le lui enlèveraient, et peut-être y a-t-il quelqu'un en cette généreuse envie ». C'était prophétiser le *Gil Blas.* « Je ne me suis proposé que de représenter la vie des hommes telle qu'elle est », dit Lesage dans une déclaration préliminaire. Tel avait été aussi le dessein supérieur de l'auteur espagnol du roman de *Guzman*, auquel il avait donné le titre d'*Atalaya de la vida,* que Chapelain loue fort et traduit par

Image ou *Miroir de la vie humaine*. Aleman avait pris pour héros un *friponnier* qui, gueusant ou volant, lui donnerait occasion de peindre au naturel « les petits vices de ce monde et aussi les vices plus grands et plus forts » : c'est incontestablement une grande partie du dessein de Lesage, et Guzman d'Alfarache est bien un des types qu'il dut se proposer pour modèle.

Mais bien avant lui, et non sans profit pour lui, d'autres Français avaient rivalisé avec les *picaresques* espagnols, étant dans *cette généreuse envie* dont parle Chapelain : « Ignorez-vous, s'écriait l'auteur du *Francion*, que ces actions basses sont infiniment agréables, et que nous prenons même du contentement à ouïr celles des gueux et des faquins, comme de *Guzman d'Alfarache* et de *Lazaril de Tormes* ». Aussi quelle verve héritée de Rabelais et déjà rivale des plus grandes audaces des *naturalistes* à venir, dans certaines peintures des mœurs des *gallefretiers* de la ville, des badauds du Pont-Neuf ou « courtisans du cheval de bronze », et des *pitauts* du village ! L'auteur déclare en termes presque identiques à ceux d'Aleman et de Lesage : « *Nous avons dessein de voir une image de la vie humaine*, de sorte qu'il nous en faut montrer ici diverses pièces ». Et c'est en vertu de cette déclaration qu'il copie la réalité « au plus près du naturel », comme dit sa Joconde, et avec une intrépidité de pinceau qui ne sera égalée que par Restif de la Bretonne et certains de nos contemporains. Au reste Francion n'est pas un friponnier de bas étage comme Guzman *le gueux*. Il est d'une bonne famille bretonne, où, son éducation terminée, on lui disait, tout comme au jeune René Lesage, « qu'on ne l'avait fait aller aux humanités qu'à dessein de l'envoyer après aux lois et tâcher d'avoir un office de conseiller au parlement ». Comme Gil Blas, il traversera toutes les couches de la société, au courant de ses aventures. Il formera même le dessein de se pousser à la cour, ayant d'ailleurs pour « coutumier exercice », chemin faisant, de châtier les sottises, de rabaisser les vanités, y compris celles des gens de lettres, et de redresser les torts et les travers. Enfin, après avoir épousé la femme de son choix, il vivra au milieu de ses anciennes connaissances, se laissant aller doucement au plaisir de conter « ses nonpareilles aventures », et estimant, à l'encontre du pédant Hortensius, que « le plus beau livre que vous puissiez voir, c'est l'expérience du monde ». Et l'auteur s'applaudira de son œuvre, répétant, d'après un de ses maîtres, que « le ris n'est propre qu'à l'homme », nous affirmant, dans les mêmes termes que l'auteur du *Gil Blas*, qu'il a « mêlé l'utile avec l'agréable », déclarant enfin qu'il est « le Démocrite du siècle ».

Il est en tout cas un précurseur direct de Lesage, et le *Francion*, qui a eu l'honneur d'être lu de si près par l'auteur de *l'Icare*, eut aussi celui de présenter à l'esprit de Lesage le dessein général de son *Gil Blas*, et même l'esquisse de son héros. Cela sera de toute évidence pour qui voudra bien lire un ou deux livres de ce copieux roman. Toutefois Gil Blas apparaîtra comme aussi original en regard de Francion que l'est Panurge par exemple, un autre de ses ancêtres, à côté du Cingar de Folengo.

Mais à quoi bon insister davantage sur ces prototypes littéraires de Gil Blas, et sur l'honneur obscur qu'ils ont eu de susciter ce personnage dans l'imagination de Lesage? Sans doute, il a cru devoir les compiler, en artiste réfléchi et modeste, qui ne fait pas fi de ses devanciers, mais n'était-il pas sollicité plus directement encore par des modèles vivants? N'avait-il pas étudié pour son *Turcaret* dix variétés de ce type de laquais parvenu? Ne voyait-il pas tout près du trône le capitaine de cette bande de Panurges, et le héros du pot-de-vin si cher à Gil Blas et à ses ministres, dans la haute personne du pensionné de lord Stanhope, de l'abbé Dubois? N'avait-il pas aussi, comme tout le monde, les yeux fixés sur Alberoni, cet autre valet parvenu, dont l'infâme *Gaudet* de Restif citera cyniquement l'exemple à Edmond, ce descendant dégénéré mais direct de Gil Blas? Qu'il choisît, s'il l'osait, de Dubois ou d'Alberoni, ou qu'il imitât, comme le veut un de ses contemporains, Barjac, le valet de Fleury, Lesage avait, en tout cas, des modèles bien en vue et tout à fait capables d'avoir tenté les premiers sa verve si observatrice.

Enfin, avant d'interroger Vicente Espinel et ses obscurs mémoires de l'écuyer *Obregon*, n'avait-il pas vu circuler sous le manteau ceux d'un ancien laquais, qui avait eu la faveur d'un ministre tout-puissant, et qui, tirant son épingle du jeu après la chute de son protecteur, était redevenu le conseiller et le familier des puissances? N'avait-il pas pu lire, dès 1703, comme Mme de Coulanges qui les trouvait « charmants », les Mémoires du fameux Gourville? Mais Gourville, c'est Gil Blas, dans ses traits essentiels. Il a reçu une petite éducation quand il endosse la livrée de l'abbé de la Rochefoucauld. Il quitte la « casaque rouge » et prend son vol à la suite d'un rapport bien fait, de bouche, auprès de d'Émery pour le compte du duc de la Rochefoucauld, comme Gil Blas est distingué après un rapport bien fait sur l'incendie d'une propriété du duc de Lerme. Condamné à mort par le parlement, il échappe à la Grève, comme Gil Blas à la tour de Ségovie. Comme lui et « toujours très bien avec Messieurs les Ministres », il jouira d'une fortune faite avec les procédés qui avaient cours à Versailles de même qu'à l'Escurial, à savoir le tarif des consciences et ces *paraguantes* plus ou moins consenties, que l'impertinent acte d'accusation dressé contre lui qualifie de « malversations et vols ». Ce nonobstant, notre *flétri* obtiendra de Louis XIV lettres d'abolitions et missions officielles, rentrera en faveur comme Gil Blas, et, plus heureux encore que lui, il aura l'honneur de faire la partie du grand roi, au risque de mettre Saint-Simon en apoplexie. Il dictera alors ses Mémoires en 1702, en toute tranquillité de conscience, « s'y amusant fort », comme Gil Blas. Ce dernier se fût d'ailleurs reconnu de bonne grâce à plus d'un trait de la philosophie et des mœurs de l'auteur de ces Mémoires qui ne se flatte pas trop et « savait marcher parfaitement, nous dit Mme de Motteville, par les chemins raboteux et tortueux comme par les droits ». Enfin il n'est pas jusqu'au style de Gourville, dont Mme de Coulanges loue le « naturel admirable », qui n'ait pu servir de modèle au père de Gil Blas. Mais nous ne pousserons pas plus loin cette critique conjecturale de la genèse du *Gil Blas*; le reste est le secret du génie. C'est maintenant à l'œuvre, non aux modèles, que se doivent mesurer l'effort de la création et le mérite de l'ouvrier.

III

Le *Gil Blas* est formé de trois parties dont les différences de ton suffiraient à nous avertir de celles des dates, tant les changements de l'humeur de leur auteur y sont sensibles. Les six premiers livres, parus en 1715, content les gueuseries du héros et de ses compagnons. Un air vif de jeunesse et de belle humeur souffle partout; et une indomptable gaieté dore toutes ces misères. Seules les deux histoires de dona Mencia et du *Mariage de vengeance* tournent au tragique. Mais la piquante aventure de la belle Aurore rentre dans la gaieté du reste, et c'est, tout compte fait, le ton *picaresque* qui domine presque partout dans cette première partie.

Il va changer dans la seconde, avec le fond des aventures, et Lesage a tenu à nous en avertir expressément par la bouche de son héros, qui s'écrie en partant pour Madrid et la cour : « La fortune m'y conduisait, pour me faire jouer de plus grands rôles que ceux qu'elle m'avait déjà fait faire ». Après la comédie de mœurs et d'intrigue, c'est ici celle de caractère, depuis l'aventure de Gil Blas chez l'archevêque, jusqu'à sa retraite philosophique à Lirias, à travers les corruptions de la cour et les mortifications de la tour de Ségovie. Dans cette seconde partie, parue neuf ans après la première, l'accent est plus mâle et plus mûr, la gaieté est tempérée par des réflexions plus graves. On sent que l'expérience de la vie a augmenté chez l'auteur, qu'il en sait long sur les moyens d'acquérir et de payer les bonnes grâces des princes de l'Église, des maîtres du monde et des tyranneaux de théâtre. Ce sont des vérités qu'il a à cœur de dire et de peindre. Aussi apparaît-il comme tout occupé des aventures de son héros. Il ne s'en laisse pas facilement distraire par des épisodes : c'est à peine si les quatre brèves histoires de Laure, de don Valerio de Luna, de don Roger de Rada et de don Gaston de Cogollos peuvent se glisser dans la trame serrée de son récit. Par la composition, comme par la peinture du principal personnage et des mœurs générales, cette seconde partie est sensiblement supérieure aux deux autres. Elle marque la maturité et l'apogée du talent de Lesage.

Il a vieilli visiblement dans la troisième partie, mais c'est une vieillesse dont on a trop méconnu le charme délicat et pénétrant. Sans doute il y a quelques redites ou semblants de redites et des lenteurs dans les récits. Mais cette suite, qui est une fin, ne fît-elle que conclure toutes les aventures restées en suspens, en appliquant à chacun selon ses œuvres les règles de la justice distributive, qu'elle serait nécessaire. Et quels traits de vérité ne va-t-elle pas ajouter à la physionomie du héros! Quelle attrayante nouveauté pour le lecteur que toute cette peinture du bonheur domestique dont jouit le seigneur de Lirias! Cet épisode n'est-il pas tout imprégné d'une bonhomie enjouée et communicative à la fois qui ne se retrouvera au courant du siècle que dans quelques rares pages de Jean-Jacques ou de Diderot, dans les meilleures scènes de Sedaine et dans les toiles de Greuze? Enfin n'est-il pas délicat et savant l'art avec lequel Lesage combine dans cette dernière partie tous les tons des deux autres, faisant de sa conclusion comme la strette finale de son ample composition? Nous revenons en effet au tour picaresque du début avec l'histoire de Scipion, tandis que le retour de Gil Blas à la cour nous ramène à la gravité de la seconde partie, et que les deux calmes épisodes de sa vie aux champs encadrent le tout, en liant et fondant les tons.

Au lieu de noter l'étroite correspondance de ce triple aspect du *Gil Blas* avec les changements de l'âge et de l'humeur de son auteur, qui a vraiment vécu son livre, et d'y trouver ainsi un surcroît d'intérêt, on s'est attaché à examiner dans la grande rigueur l'unité de sa composition. On blâme les interruptions de l'histoire principale comme trop fréquentes ou trop prolongées, et on se plaint que les divers épisodes amènent des disparates de ton. Aujourd'hui la première de ces critiques nous paraît fondée, et Lesage semblait en convenir d'avance, non sans malice, quand il faisait dire par Gil Blas, à propos de l'histoire de don Raphaël : « Le récit me parut un peu long ». Mais don Alphonse, « par politesse, lui témoigna qu'elle l'avait fort diverti ». Or la politesse de don Alphonse ne faisait ici que traduire le sentiment des contemporains sur l'auteur : « Les historiettes qu'il amène à propos, disait *le Mercure de France*, à mesure que le sujet le demande, sont tout à fait intéressantes. Il conduit son héros de poste en poste », etc. C'est donc de propos délibéré que Lesage cédait en cela au goût du temps, tout en prenant ses précautions contre les dédains de celui de l'avenir.

Mais il n'eût pas si aisément passé condamnation sur l'accusation de n'avoir pas amené et préparé les changements de ton, et il eût renvoyé le reproche à l'auteur du *Roman comique*, chez qui l'ambigu de romanesque et de picaresque dans les épisodes est vraiment choquant.

Lesage a mis d'abord beaucoup de soin et d'ingéniosité à varier les circonstances qui entourent et amènent ces récits intercalés, les contant à loisir ou les suspendant savamment, les ajournant avec malice, ou poussant même la coquetterie d'auteur jusqu'à annoncer des histoires qu'il ne donnera jamais, comme celles de Tordesillas et de Camille. Il se montre surtout soucieux de les harmoniser avec la situation. Par exemple la sombre aventure de dona Mencia a son cadre naturel dans l'histoire des brigands ; le joli marivaudage de dona Aurore fait comme une transition délicate entre le ton picaresque du reste et l'accent passionné du *Mariage de vengeance* ; et après que la sémillante Laure nous a donné la comédie, don Roger de Rada vient nous émouvoir d'une pitié tragique. Les épisodes qui peuvent sembler parasites, comme celui de don Valerio de Luna, ont du moins le mérite d'être courts. Si celui de don Gaston de Cogollos est un peu long, on voudra bien faire réflexion que Gil Blas a tout loisir de l'écouter, puisqu'il est en prison, et que d'ailleurs Lesage l'a coupé en deux. Enfin l'alternance de ces histoires romanesques ou picaresques, et plus ou moins plaquées, aurait au besoin pour suprême excuse d'avoir été, elle aussi, une concession à un goût des contemporains qu'il importe de signaler.

On ne se prenait plus tout à fait, comme à de la glu, aux merveilleux coups d'épée et aux galanteries en dix tomes des héros de La Calprenède et de Mlle de Scudéry. *La Princesse de Clèves* avait donné le goût d'une réalité plus prochaine et de la sobriété en tous sens ; mais, au fond, ce roman était-il si éloigné de la *Clélie*? N'était-il pas une transposition infiniment adroite, mais une simple transposition, dans le cadre de l'histoire réelle et moderne, des sentiments des marionnettes héroïques et plus ou moins romaines de Mlle de Scudéry ? N'y avait-il pas là une tentative discrète de fusion, en proportions très inégales, entre le goût réaliste des continuateurs du *Francion* et le goût romanesque des imitateurs de l'*Astrée* et des *Amadis* ? D'ailleurs le merveilleux gardait une partie de son empire sur les esprits, témoin le succès prodigieux des contes de fées, à la fin du XVIIe siècle, et celui de l'amalgame assez impertinent de féeries et de galanterie imaginé par Mlle de la Force, Mme de Murat et autres émules peu naïves de Perrault et de Mlle Lhéritier. Le *Télémaque* n'en verra-t-il pas diminuer sa vogue, comme le constatent certains vers malins d'Hamilton ? Mais ce dernier réagissait lui-même contre le romanesque pur, avec la complicité de la majeure partie du public, en écrivant ces *Mémoires du chevalier de Gramont* où les amateurs du réalisme dans le roman, toujours plus nombreux, trouvaient déjà de piquantes satisfactions. Or c'est au milieu de ces oscillations du goût public, entre un romanesque quelque peu suranné et un réalisme chaque jour plus hardi, que Lesage conçut *Gil Blas*. Sans juger ici combien son talent personnel se trouvait en conformité avec la seconde de ces tendances divergentes du goût public au début du dernier siècle, on voit nettement le calcul qui lui fit alterner dans le *Gil Blas*, comme dans *le Diable boiteux*, et jusque dans *Beauchêne*, les aventures picaresques et les romanesques, pour la plus grande satisfaction de l'ensemble des lecteurs français dont il flattait et conciliait ainsi les deux goûts tour à tour dominants. Ce n'est pas là sa moindre habileté.

Ces considérations, qui s'imposaient d'ailleurs, nous semblent de nature à atténuer singulièrement la portée des critiques que l'on multiplie comme à plaisir, sur le trop grand nombre et les disparates des épisodes du *Gil Blas* et sur le sans-gêne de Lesage. Au reste une lecture attentive de ce roman montre chez son auteur une diligence extrême à donner de l'unité à l'ensemble par mille raccords de détail. Un récit intercalé traîne-t-il en longueur, ou son intérêt nous entraîne-t-il trop loin du sujet principal, une interruption de Gil Blas vient secouer notre attention et nous rappeler le lien de cette histoire avec la sienne. L'auteur introduit-il un personnage que nous avons perdu de vue depuis longtemps, vite une saillie, une circonlocution plaisante ou quelque épithète de nature, dans le goût homérique, commandent un retour rapide et caractéristique vers l'épisode où ce personnage joua un rôle, et nous rafraîchissent la mémoire. Lerme par exemple chargeant Gil Blas, Mercure en second, d'acheter des pierreries pour la Catalina, ne manque pas d'ajouter, par une plaisante allusion à la manière dont l'aventurière Camille s'était fait offrir jadis un diamant vrai, en échange d'un rubis dit des Philippines et qui était du Temple : « Il achètera lui-même les pierreries, car il s'y connaît parfaitement et surtout en rubis. N'est-il pas vrai, Gil Blas? ajouta-t-il en me regardant d'un air malin. » Ces sortes de références et ces *rappels de tons*, comme disent les peintres, sont innombrables, et l'expression en est d'ailleurs variée avec une fécondité remarquable.

Mais sans insister davantage sur ces menues preuves du souci constant qu'a eu Lesage de donner de la cohésion à son œuvre, il suffit de considérer ici la peinture du héros central. Son individualité nous paraît si caractérisée, et son unité morale si adroitement obtenue et ménagée jusqu'à la dernière ligne du *Gil Blas* dont il soude les diverses parties, que toutes les objections contre l'unité de ce roman en deviennent négligeables. Or cette unité du caractère de Gil Blas est elle-même contestée, malgré le témoignage enthousiaste et assurément autorisé de Walter Scott, et c'est ici qu'on voit à plein la rigueur dont la critique ne veut pas encore se départir envers Lesage.

Arrêtons-nous donc à assembler les traits caractéristiques de la personne morale de Gil Blas, d'un bout à l'autre de l'œuvre qu'il anime, lie et explique, à nos yeux du moins. On verra par ce portrait s'il est dans aucun roman, dans aucune épopée, un héros qui soit plus logiquement construit et mieux développé d'après nature que celui de Lesage.

IV

Écartons d'abord une critique spécieuse qu'on a faite de certaines ressemblances visibles entre Gil Blas et d'autres personnages qui l'entourent. On objecte qu'elles affaiblissent son individualité. On veut par exemple que Scipion soit une doublure inutile de Gil Blas, comme s'il n'y avait pas un intérêt piquant et soutenu à voir le valet présenter pour ainsi dire le miroir au maître assagi et quelque peu oublieux de sa première condition. On ne pénètre pas le dessein de l'auteur qui, pour mieux faire ressortir la personnalité de son héros, l'escorte de trois *picaros*, destinés à commenter par un savant contraste les évolutions de son caractère et de sa condition. Ne fût-il pas resté valet comme Scipion s'il s'était résigné à la servitude? N'eût-il pas gueusé les pensions et échoué à l'hôpital comme Fabrice, s'il avait rimé malgré Minerve? Enfin n'eût-il pas coiffé les *carochas* de l'Inquisition, comme Raphaël, s'il avait pris goût à faire contribuer les passants? Ces *répliques* du personnage principal servent donc à augmenter la consistance de sa personnalité morale, en lui donnant une ombre, pour ainsi dire : et, toutes distances gardées, dans cette mêlée épique, Gil Blas gagne autant à être doublé par Scipion qu'Achille à l'être par Patrocle, ou Roland par Olivier. Ces répétitions sont un droit du roman comme de l'épopée. Allons droit maintenant à Gil Blas.

Sa physionomie a certains traits qui restent à peu près fixes ou au moins reconnaissables à travers toute son histoire, et elle en a d'autres qui se modifient ou même qui naissent et s'accusent graduellement, sous l'influence des hommes et des choses, par l'effet de la réflexion et de la conscience. Or les uns par la vraisemblance de leurs modifications, comme les autres par l'évidence de leur fixité, contribuent également à l'identité et à la vie du personnage. Lesage l'a en effet composé de manière qu'il pût se transformer à plaisir sans cesser de porter en lui, dans l'essence même de son caractère, les causes profondes et les raisons suffisantes de ses transformations. Il l'a doué à la fois d'une humeur très malléable et d'une faculté d'observation très active. L'effet de ses observations sera d'éveiller ses réflexions d'abord, sa conscience ensuite, qui, réagissant sur sa conduite, amèneront dans tout son être moral des modifications profondes et combien instructives! Mais qu'il nous suffise d'en montrer ici la logique et la vraisemblance.

Son humeur est aussi malléable qu'elle est gaie. La rencontre d'un camarade de collège décide de sa carrière et lui fait quitter la soutanelle de précepteur pour la livrée, en attendant qu'il arbore la golille, la cape et l'épée de cavalier. Contre les coups du sort ou les tentations du vice, et même contre les assauts des passions, il mollit d'abord, nous donnant pour unique excuse : « Je cédai à la nécessité,... je cédai au torrent ». Mais s'il est prompt à désespérer, il l'est encore plus à espérer : « La belle chose que l'espérance! » s'écrie-t-il, et comme elle entre vite avec Scipion, et comme elle rayonne dans le cachot de Ségovie! Est-il piqué de l'aiguillon de la jalousie, une saillie de Laure le guérit et en fait le plus complaisant des amants. Il moule son caractère sur celui des autres, maîtres et domestiques, étudiant leurs inclinations et « réglant sa conduite là-dessus ». Il se fait turlupin avec les laquais des petits-maîtres, débauché avec les comédiens, et tout contrit avec Olivarès disgracié.

Mais s'il se laisse mener par les hommes, il sait qu'ils le mènent, ce qu'ils veulent et ce qu'ils valent. Pour peindre le dehors et pénétrer le dedans des gens, il est admirable. Suivez-le par exemple dans l'antichambre de l'archevêque ou surtout à l'audience de son collègue Calderone. Quelle attention à noter les moindres nuances de l'habit et des manières, et quelle adresse à lever tous les masques, à percer jusqu'à l'âme, à travers tous les manèges des gestes et de la langue! Par le tour comme par la portée des traits, il vaut Asmodée déniaisant et stylant l'écolier Leandro. Il vaut même mieux : il fait songer à La Bruyère dans l'antichambre des Condés. Et quel surcroît d'intérêt dans les retours qu'il fait sur lui-même! A ce métier d'observateur où il est juge et partie, il goûte un plaisir dont il éprouve le besoin de faire part au lecteur. Chez Laure, il s'écriera : « Je ne pouvais être mieux placé pour connaître parfaitement les vices! » Ce besoin de tout noter se fera jour, même à travers ses émotions les plus vives. L'élan de reconnaissance que lui inspire un bienfait de l'intendant de don Balthazar ne saurait l'empêcher de remarquer que son bienfaiteur « faisait là ses orges à merveille » ; et tout enchanté qu'il est de la bouche vermeille, du teint éblouissant et de l'ensemble des charmes de sa fiancée Dorothée, il observera impitoyablement que « son nez était un peu trop long et ses yeux trop petits ».

On n'exerce pas, tout une vie durant, une faculté d'observation si aiguë et si vigilante, sans qu'elle réagisse profondément sur le caractère : et ce sera le cas de Gil Blas. Cette naïveté délicieuse qui nous donne la comédie, dans les premiers livres, n'y résiste pas, et l'on n'en trouvera plus trace dans les derniers, mais elle avait persisté assez longtemps, et ce n'est pas du second coup d'œil que la dupe pénétrait les dupeurs. Après l'hôte de Pénaflor, voici celui de Burgos ; après le parasite, la dame Camille. Pour le coup, Gil Blas se croit déniaisé. « Je me serais alors défié de la chaste Suzanne », s'écrie-t-il. Aussi pourquoi, après avoir été mis à contribution par le mendiant à l'escopette, pour avoir fait reluire des écus au soleil, s'avise-t-il de les faire sonner sur les tables d'auberge? Chez don Gonzale Pacheco, puis chez l'archevêque, sa franchise a eu un succès tout pareil à celle du maître Jacques de Molière : il s'en guérira si bien sur le tard, qu'après sa disgrâce il saura résister à l'envie de médire du duc de Lerme qui en est l'auteur, ce qui le fera passer « dans l'esprit de la compagnie pour un garçon fort discret ».

Voilà qui est bien, mais l'expérience lui avait donné d'abord de pires leçons, et le fruit de ses premières réflexions n'avait pas été la vertu. Tous les métiers lui avaient paru bons pour vivre, y compris celui qui consiste à porter le caducée pour les Céladons de tout âge. Il avait exercé la médecine sans la savoir, aux dépens de qui il appartiendrait. Il avait tenté de reprendre sa bague et son bien sur les fripons, non sans friponneries ; et sur cette pente il avait glissé jusqu'au bout, ou peu s'en fallait. Après avoir commencé par des larcins de laquais, il avait joué à Samuel Simon, de complicité avec des « ambidextres », un tour pendable dont l'ingéniosité déguise vraiment trop à ses yeux le vrai caractère.

Pourtant n'exagérons rien et ne confondons pas par exemple les peccadilles ordinaires de Gil Blas, dans la première partie de sa vie, avec les fourberies caractérisées de Scipion, qui a été, de son propre aveu, « un vrai picaro ». Lesage a eu soin de faire dire à Gil Blas par le duc de Lerme, qui a entendu le récit de ses aventures mêlées, et a démêlé en souriant la vérité partout où le narrateur avait pris le parti de la farder : « Vous avez été *tant soit peu picaro* ». L'auteur du *Gil Blas* a voulu nous donner là un conseil de bienveillance et se réserver le droit de faire de son héros un honnête homme ou à peu près. On le lui conteste au nom de la vraisemblance, mais on ne regarde pas d'assez près à l'art avec lequel il a préparé et gradué cette évolution de Gil Blas vers le bien.

Gil Blas montre des germes vivaces d'honnêteté dès le début de ses aventures. Il sait trop que « s'il voulait se mettre dans le génie, il deviendrait un habile fourbe », mais il résiste à la tentation de courir la carrière de brigand ou d'*ambidextre*, en dépit de la harangue enflammée de Rolando, ou même celle de mari complaisant, malgré les offres de la sémillante Laure. Il se dégoûte même, « par un reste d'honneur et de vertu », du service des comédiennes. Il faut lui en savoir gré et remarquer, comme il le fait plusieurs fois lui-même, qu'il y a quelque mérite à ne pas se gâter tout à fait en pareille compagnie, surtout quand on est à un âge où « les vices ne font guère d'horreur ». Lesage estimait même qu' « un fripon peut fort bien devenir un honnête homme », et c'est ce qu'il a voulu montrer par l'exemple de Scipion lui-même. Celui de Gil Blas est plus démonstratif.

Rappelons-nous cette nuit où, ne pouvant dormir, le faux frère de Laure s'avise de suivre le classique précepte des *vers dorés* de Pythagore et de faire son examen de conscience. Il tombe d'accord avec lui-même que « s'il n'est pas un fripon il ne s'en faut guère ». Certes des « idées de plaisir et d'intérêt » prennent d'abord le dessus, mais du jour où il commence à dire couramment : « ma conscience », il devient vraisemblable, évident même, qu'il s'arme et réagira peu à peu contre les basses tentations. Quoi de plus humain et de plus chrétien à la fois!

Ses réflexions ne lui avaient conseillé longtemps et dans tous les états que des adresses; sa conscience finira par lui montrer un autre bonheur que celui du succès. « Songe que tu es présentement au roi », tel avait été le conseil du duc de Lerme qui résonnait à ses oreilles comme le perfide : « Tu seras roi » dit à Macbeth par les sorcières. Alors l'ambition avait envahi tout son être moral. Elle en avait expulsé le *picaro*, pour faire place à un courtisan : on ne saurait nier qu'il y eût en cela un léger mieux. Puis, après avoir été cupide jusqu'à la plus noire ingratitude, les disgrâces ayant purifié sa vertu, il apprendra à jouir des richesses, sans se laisser posséder par elles. Il offrira à Scipion, qui s'ennuie beaucoup aux champs, la moitié de son bien pour courir le monde. Après avoir fait nommer don Alphonse gouverneur par ostentation, il goûtera délicieusement et peindra à merveille la joie de lui rendre un grand service avec délicatesse.

L'adversité, la maladie, la prison éveilleront en lui une sensibilité que sa jeunesse engourdissait, aussi longtemps qu'elle lui « avait fait du bruit », suivant l'admirable expression de Bossuet. Il aura pitié de Lorença et lui cédera la place. L'infortune du brave Chinchilla le fera se récrier : « On s'intéresse pour un brave homme qu'on voit souffrir ». La mort de son père ouvrira en lui la source des larmes. Il en donnera de véritables à la mémoire d'Antonia. Et il ne faudrait pas croire que cette sensibilité de son âge mûr ne fût qu'un effet de la mode qui sévissait alors dans la comédie larmoyante; elle était une haute vérité de plus : la vie ne durcit que les méchants.

Enfin, en nous rappelant les vertus moyennes de Gil Blas vieilli, notons que Lesage en a gradué le progrès avec une précision extrême et fort savante, n'oubliant pas les ombres au tableau, et gardant jusqu'au bout l'identité du caractère, sinon celle des mœurs de son personnage. Son coup de maître a été ici la rechute de Gil Blas. Avec quelle finesse de psychologie il note les tentations qu'exercent, sur le châtelain de Lirias, Scipion, don Alphonse et tout son entourage! Le chagrin et le désœuvrement qui suivent la mort de la femme de Gil Blas ont donné prise sur lui à ses tentateurs : mais il leur faudra déployer toute une stratégie de dissimulations et de séductions, depuis le moment où l'annonce de la faveur d'Olivarès trouve notre solitaire « un peu ému de cette nouvelle sans savoir pourquoi », jusqu'à celui où, « quelques vapeurs d'avarice et d'ambition » lui montant à la tête, et réveillant en lui « des sentiments dont il croyait avoir triomphé », il se préparera à servir de nouveau « sans scrupule ». Heureusement pour la vérité de son histoire et pour l'honneur de l'humanité, il se trompe sur lui-même et sur nous, lorsque, descendant à dénigrer Lerme, dans un pamphlet commandé, il s'écrie amèrement : « Voilà l'homme! » Les remords le guettent et le saisissent vite. Il vient d'être investi de la fonction de « Mercure en chef », mais il en est infiniment moins fier qu'il ne l'avait été jadis de celle de « Mercure en second ». La qualité du galant n'étourdit plus sa morale, et c'est avec un soupir sincère de soulagement qu'il pose définitivement le caducée : mais il l'avait repris par habitude.

Quoi de plus naturel et ne saisissons-nous pas là encore un des joints de son caractère? Dans toutes les conditions, il a gardé une âme de laquais, et les costumes les plus chamarrés n'ont été sur lui que des livrées. Le favori d'Olivarès dit encore couramment « le patron », comme le laquais de la marquise de Chaves disait « la patronne ». Il n'oublie pas et ne nous laisse pas oublier qu'il a été dressé à l'art des pots-de-vin par Lerme lui-même, avec lequel il comptait quelquefois, et il y a du comique dans la satisfaction profonde avec laquelle il fait connaître « à ses lecteurs qu'il n'était plus ce même Gil Blas qui, sous le ministère précédent, vendait les grâces de la cour ». Il s'arrêtera d'ailleurs avec une exacte vraisemblance à mi-chemin de la bravoure comme de la grandeur d'âme. Après avoir laissé un peu trop vite le champ libre au petit secrétaire de la marquise, il se risquera bien à mettre flamberge au vent pour l'amour de la dame Lorença, mais ce ne sera pas sans trouver l'épée de son adversaire d'une longueur excessive, et, malgré l'aiguillon de sa passion, il sera fort heureux d'avoir un motif de couper court à ses démonstrations de chevalier errant.

Il concilie d'ailleurs ce qu'il appelle à l'occasion sa « bassesse » avec une sorte de vanité assez plaisante dans l'espèce. Cette vanité était fort vive à ses débuts : c'est elle qui le rendait « sensible aux bayes » et l'avait empêché, après avoir été dupé, de recourir une seconde fois à dona Mencia, de peur de « passer pour une bête ». Or nous reconnaîtrons jusqu'au bout les allures de cette vanité native, quoiqu'il en ait rabattu avec l'âge. C'est elle qui fera faire le gros dos au châtelain de Lirias, s'appuyant pesamment sur Scipion pour traverser la grande cour devant ses gens, comme elle commandait des *écarts de poitrine* au secrétaire de Monsieur le duc, sortant de chez le traiteur à la mode. Et si enfin elle paraît tellement mortifiée en lui avec le reste, par le spectacle de la disgrâce et de la fin d'Olivarès, qu'il confie à un révérend père : « Je suis tenté de m'enfermer dans une cellule pour y faire pénitence », ne nous y fions pas. Scipion n'aura pas de peine à le faire changer de sentiment, en lui persuadant que c'est là « une idée de malade ». Scipion ne connaissait-il pas comme nous, de longue main, l'humeur malléable de son maître et cet inaltérable fonds de gaieté qui est la suprême caractéristique de l'identité du personnage, si ondoyant et divers qu'il puisse être, selon le flux et le reflux des événements.

Cette gaieté foncière de Gil Blas s'épanche à l'ordinaire en propos enjoués, ou s'aiguise à l'occasion jusqu'à la causticité, sans changer de nature. C'est cette gaieté naturelle, plus encore que la nécessité, qui sèche si vite ses larmes dans la caverne des voleurs, et lui vaut les compliments de Rolando sur son esprit et son enjouement. C'est elle encore qui le consolera de ses pires mésaventures et le gardera de la misanthropie, en ne lui faisant trouver qu'à rire, par exemple, dans la noire ingratitude du licencié Louis Garcias. Gil Blas abonde d'ailleurs en saillies plus ou moins narquoises, jaillissant toutes de ce fonds de belle humeur qui finit toujours par le rendre supérieur aux événements, et donne un accent de drôlerie, parfois intempestive, mais d'autant plus caractéristique, à ses sentiments même les plus émus. C'est ainsi qu'il termine le tableau de son bonheur conjugal, en nous apprenant qu'il a deux enfants dont *il croit pieusement être le père*, et c'est le dernier trait. Lesage a voulu que nous fermions le livre, en répétant ce propos de l'hôtesse d'Oviedo au seigneur de Santillane qui revient au pays après force aventures : « *Il n'a presque point changé* : c'est ce petit éveillé de Gil Blas qui avait plus d'esprit qu'il n'était gros ».

Mais si son esprit et son tempérament sont restés inaltérables, et font croire, au premier abord, qu'il n'a pas changé, que de changements intimes, au contraire, se sont révélés à nous, tandis que nous suivions de près ses faits et gestes. C'est faute d'y avoir pris garde que certains censeurs de Lesage, exagérant le point de vue de la bonne femme d'Oviedo, reprochent à Gil Blas d'être un personnage tout d'une pièce, taillé sur le patron des héros ordinaires de la scène classique et sur lequel les événements et l'expérience ont peu de prise et ne laissent aucune empreinte profonde! Il est vrai que d'autres censeurs, au contraire, et également sincères, lui contestant toute personnalité, ne voient en lui qu'une sorte d'arlequin de la foire, inconsistant au possible et se moquant de la règle des mœurs, pour prêter indifféremment son masque à tous les vices et à quelques vertus. Il nous semble maintenant que ces deux censures peuvent se ramener, en dernière analyse, à un éloge unique, en nous donnant la clef même du caractère du personnage.

Gil Blas est naturellement gai jusqu'à la causticité et souple jusqu'à la bassesse, mais partout et toujours observateur, puis réfléchi, et enfin consciencieux, pétri d'ailleurs de petits vices qui s'usent et de médiocres vertus qui se fortifient, logiquement et savamment, au courant de l'odyssée humaine dont il est le héros toujours intéressant. On voit donc d'abord en quoi il diffère de ces personnages de théâtre que les lois du genre obligent trop souvent à fondre d'un seul jet. Quand on s'y méprend, on est dupe de la manière dont l'auteur présente la plupart des événements où il le mêle. Elle est en effet dramatique d'ordinaire, par exemple dans la scène de la fausse reconnaissance que Gil Blas joue avec Laure, sous les yeux de l'amant portugais et qui est machinée, filée, mimée, dialoguée comme sur les planches. Ses innombrables réflexions affectent le plus souvent la forme d'un monologue dramatique : « Hé bien! me dis-je, Gil Blas, te voilà donc auprès d'un comte sicilien.... » Il se croit si bien en scène qu'il lui arrive de se faire apostropher par le public : « Il me semble que j'entends un lecteur qui me crie en cet endroit : « Courage, monsieur de Santil-« lane, mettez du foin dans vos bottes. » Enfin rien n'est ici plus caractéristique que cette manière de s'exclamer au lieu de narrer : « Je vois, si je ne me trompe, arriver mon valet avec un nouveau *quidam* qu'il vient d'accrocher. *Justement, c'est Scipion. Écoutons-le.* » Nous sommes au théâtre. Mais cela prouve simplement que la coupe dramatique était devenue chez l'auteur du *Gil Blas* une habitude d'esprit, dont il ne fait pas mystère, s'écriant, par exemple, que ce fut « une scène de reconnaissance *digne d'être employée dans un théâtre* ». Mais son roman n'en vaut pas moins, bien au contraire, et le caractère de son héros, pour avoir le relief d'un personnage de théâtre, est bien loin d'en avoir la fixité. Ce caractère est en réalité, comme nous avons tenté de le montrer, conçu et développé suivant les lois de l'évolution psychologique propre au roman. N'en est-ce pas d'ailleurs un surcroît de preuve que le reproche qu'on a vu faire par d'autres critiques au personnage de Gil Blas, d'être trop multiple? On le voit donc, cette contradiction entre les censeurs de Gil Blas ne sert, en dernière analyse, qu'à faire ressortir l'habileté du calcul qui a engendré ce personnage à la fois un et multiple, comme chacun de nous, et si bien conçu pour communiquer à l'ensemble de l'œuvre sa vivante unité.

V

Tel est donc Gil Blas, héritier direct des Panurge et des Scapin. Il apparaît d'abord comme un valet de Molière transporté tout vif du théâtre dans le roman par un coup de génie. Mais le champ d'observation des valets de comédie était trop étroit : il fallait à Lesage, pour continuer Molière, un héros qui eût une sorte d'ubiquité sociale. Il a donc rendu le sien propre à tout, par l'esprit, qui lui apparaît comme l' « outil universel ». Il ne mentait ainsi ni à la vérité de l'art, puisque Gil Blas est si vivant, ni à celle de l'histoire, puisqu'il n'avait qu'à choisir entre Calderone et Carnero, et qu'il avait sous les yeux Alberoni, Dubois et Gourville. L'humeur caustique, malléable et observatrice dont il doua ensuite son personnage, qui est comme l'envers de don Quichotte, devait lui servir à traverser toutes les couches de la société, pareille à ces puissantes et ingénieuses sondes des naturalistes qui leur rapportent des échantillons de la vie à tous les étages du sol et de la mer. Aussi, en analysant cette humeur, avons-nous pénétré au cœur de l'œuvre : pour en faire le tour, nous n'avons qu'à suivre Gil Blas.

Avec lui, à travers tous les mondes, sous toutes les livrées, par l'escalier de service ou par l'antichambre plus ou moins officielle, nous entrerons partout et serons de plain-pied avec tous. Nous passerons des cavernes de voleurs aux prisons d'État et aux autodafés de l'Inquisition; des intérieurs cossus et graves des bourgeois ou des solennelles demeures des grands seigneurs, aux hôtels garnis, aux cabarets à la mode et aux réduits galants, à doubles portes et à doubles visages; des foyers et des loges du tripot comique aux cabinets des archevêques et des ministres; des coulisses du théâtre à celles de la politique; des bureaux d'esprit et des cafés littéraires aux sous-sols et aux galetas des grands hôtels où les valets font ripaille et où riment les poètes à gages, en attendant que nous les retrouvions à l'hôpital. Et voici toutes les gueuseries des rues et des grands chemins, et les goinfreries égoïstes des gros prébendiers et rentiers, et les réceptions des bons marchands, avec leurs artistes au rabais, et la haute vie des coquettes prises à bail par des financiers, et celle des aigrefins qu'enrichit le brelan, et celle des grands seigneurs que ruine leur intendant. En la compagnie de Gil Blas *picaro* ou du seigneur de Santillane, nous aurons les confidences de toutes les espèces, depuis les gibiers de potence jusqu'aux grands dignitaires : nous entendrons les cyniques fanfaronnades des bandits, réfractaires à l'ordre social, et les humbles suppliques des capitaines ruinés au service, et cousus de blessures; le jargon des beaux-esprits et les turlupinades des petits-maîtres; et aussi les creux propos des comédiens dont l'insolence envers les auteurs ne sera égalée que par celle des laquais favoris de ministres envers les grands seigneurs. Quelle riche galerie d'originaux et combien vivants et mouvants dans leurs cadres réalistes!

Dès le début du *Gil Blas*, Lesage affiche, pour ainsi dire, son dessein de nous faire le portrait physique de ses personnages : « La cuisinière (il faut que j'en fasse le portrait), etc. ».

D'ordinaire ces portraits sont courts, à grands traits non tâtés : « Outre deux petits yeux étincelants qui lui roulaient dans la tête et semblaient menacer tous ceux qu'il regardait, un nez fort épaté lui tombait sur une moustache rousse qui s'élevait en croc jusqu'à la tempe ». Ce sont souvent de simples silhouettes, enlevées à la pointe sèche : « J'entrai dans une hôtellerie dont l'hôtesse était une petite femme fort sèche, vive et hagarde ». Mais parmi cette foule de portraits de fantaisie il y en a d'une exactitude tout historique, par exemple celui d'Olivarès, dont la vigueur et le brio rappellent si curieusement celle des deux célèbres toiles de Vélasquez qui se voit à l'Hermitage :

Je vis un homme d'une taille au-dessus de la médiocre, et qui pouvait passer pour gros dans un pays où il est rare de voir des personnes qui ne soient pas maigres. Il avait les épaules si élevées, que je le crus bossu, quoiqu'il ne le fût pas; sa tête, qui était d'une grosseur excessive, lui tombait sur la poitrine; ses cheveux étaient noirs et plats, son visage long, son teint olivâtre, sa bouche enfoncée et son menton pointu et fort relevé.

Puis tous ces portraits s'animent et Lesage note les postures et les gestes expressifs. Gil Blas, sous l'habit de son maître, est en bonne fortune : « Vous « me paraissez un seigneur de la cour ? — Vous ne « vous trompez pas, ma mie », interrompis-je, en étendant la jambe droite et penchant le corps sur la hanche gauche. » Quels tableaux mouvants que ceux du lever et des faits et gestes du petit-maître don Mathias ou du vieux beau don Gonzale Pacheco ! Mais voici un croquis dont nous pourrons vérifier tous les jours l'exactitude : « J'entrai dans une boutique, où deux jeunes garçons marchands, proprement vêtus, se promenaient en long et en large, et faisaient les agréables en attendant la pratique ».

Quel portrait animé encore que celui du chanoine podagre qui *s'empiffre* et quel menu que le sien ! Sa lecture suffisait à donner à un ami de Walter Scott l'appétit du héros. Mais on aurait un manuel du *Cuisinier parfait*, égal à celui que le licencié Sédillo lègue à Gil Blas, si l'on faisait un recueil de tous les menus où s'est complue l'imagination gastronomique de Lesage. Ceux de Lirias surtout sont détaillés par lui avec une complaisance si éloquente qu'on serait tenté de le soupçonner d'avoir eu, en bon bourgeois qu'il était, le vice véniel de la gourmandise. Aussi quelle mélancolie chez ses héros quand ils sont réduits à la petite portion de la « longue table » d'hôte, « couverte d'une nappe malpropre », qui leur rappelle le « réfectoire » du collège, ou, pis encore, aux « civets de matou » et autres viandes qui ne sont ni peu ni prou « vérifiées » ! Au fait, pourquoi reproche-t-on à l'auteur cette abondance de détails culinaires? Ne font-ils pas partie du signalement de ses personnages, et Brillat-Savarin ne formulera-t-il pas cet axiome : « Dis-moi ce que tu manges, je te dirai qui tu es »? Et après tout, en nous entretenant si souvent de la fringale des gueux du *Gil Blas*, Lesage est dans la vérité historique, car on a pu dire que la faim avait été vraiment le « mal d'Espagne », au XVIe siècle.

Si du moins il s'en tenait là, mais il ne se croit pas quitte avec la vérité, quand il nous a conté l'appétit de ses héros et les manières variées dont ils le satisfont ou le trompent. Il tient à nous renseigner sur leurs infirmités les plus secrètes, et c'est alors surtout que son réalisme se donne carrière. On le sait de reste, et on nous dispensera de rapporter ici les tares du vieux chanoine ou de la dame Lorença, ou le secret de la fraîcheur de la dame Inésille. Une seule citation, pour rappeler le ton des passages analogues : « Le vieillard, après avoir écrit, s'arracha quelques poils de barbe avec des pincettes; puis il se lava les yeux pour ôter une épaisse chassie dont ils étaient pleins. » Que voulez-vous! Lesage en a tant vu, en fréquentant ses auteurs *picaresques*, et leurs pouilleux et leurs cours des miracles, qu'il ne songe pas toujours à nous faire grâce de pareils détails et qui peignent!

On pense bien que le costume ne saurait échapper à qui note avec un réalisme si intrépide les physionomies, les gestes, la table et jusqu'aux infirmités des gens. De quelle importance n'est-il pas d'ailleurs dans ce monde! Que d'occasions de répéter avec Sedaine :

> Ah! mon habit que je vous remercie!

Gil Blas le sait bien, lui qui, à chacun de ses changements de fortune, fait venir le fripier, n'ayant pas le temps d'attendre le tailleur. Aussi que d'attention à choisir le costume de l'emploi nouveau, sans oublier les onctions de pommade et la chemise blanche et parfumée pour les bonnes fortunes : et que d'inventaires de sa garde-robe! « Quel plaisir j'avais de me voir si bien équipé! s'écriera-t-il. Jamais paon n'a regardé son plumage avec plus de complaisance. » Mais quel air honteux quand il sort de prison en souquenille! Et quel défilé pittoresque, tout le long du livre! Melchior Zapata, par exemple, comédien venu en droite ligne du *Roman comique*, se drape dans un pourpoint doublé d'affiches de comédie, et fait un plaisant contraste avec le brillant équipage par lequel son confrère Baron sollicite nos regards.

Mais venons aux dames. Voici les coquettes : dona Aurore avec ses hauts *chappins* et ses galants travestis; puis certaine tante et certaine nièce peu vérifiées : « Elles étaient dans un déshabillé galant, où il y avait une intelligence de coquetterie qui ne les laissait pas regarder impunément ». Passons vite. Arrêtons-nous à la belle Antonia si élégante, dans sa robe de serge, avec la seule parure de ses grâces naturelles, selon le goût de l'auteur, et qui fut sa muse si elle ne fut pas sa femme. Prenons bonne note aussi de la toilette de deuil de cette jeune et jolie veuve : « Elle avait une robe de chanvre de taffetas blanc à raies noires, avec un petit chapeau de la même étoffe et des plumes noires ». Enfin jetons un coup d'œil sur la béate dame Jacinte qui ferme la marche et mérite aussi d'être regardée pour sa toilette hypocrite de servante-maîtresse : « Elle portait une longue robe d'une étoffe de laine la plus commune avec une large ceinture de cuir, d'où pendait d'un côté un trousseau de clés et de l'autre un chapelet à gros grains ».

Pour achever d'encadrer les personnages, il ne reste plus qu'à décrire les divers accessoires de leurs professions, leur mobilier, leurs demeures et, si l'on veut, les paysages environnants. Voici donc par exemple la trousse du garçon barbier avec « ses deux rasoirs qui semblaient avoir rasé dix générations », sans oublier sa guitare; ou encore le « sac de toile bleue » dans lequel le paysan Talego serre l'espèce, etc. Voulez-vous être renseigné sur les gîtes d'auberge : « Peignez-vous un grabat fort étroit et si court que je ne pouvais étendre les jambes, tout petit que j'étais. D'ailleurs, il n'avait pour matelas et lit de plume, qu'une simple paillasse piquée, et couverte d'un drap mis en double, qui, depuis le dernier blanchissage, avait servi peut-être à cent voyageurs. » Êtes-vous curieux de savoir comment les poètes à gages étaient logés chez les grands ? Pénétrez par « la petite montée aussi obscure qu'étroite » dans le logement tant vanté par Fabrice, et qui « consistait en une seule chambre, de laquelle mon ingénieux ami s'en était fait quatre séparées par des cloisons de sapin », etc. Enfin suivez Gil Blas dans sa tournée de propriétaire à Lirias, et vous serez édifiés à merveille sur le luxe mitigé qui convient à une maison de campagne.

Arrêtons-nous surtout à ce « grand sopha de maroquin noir » près d'une fenêtre de la bibliothèque « d'où l'on découvrait une campagne toute riante ». Le trait n'est pas isolé. Nous pourrons en effet entrevoir plusieurs fois des coins de paysage, non seulement par les fenêtres des habitations, mais encore, chemin faisant, ce qui n'est pas la moindre nouveauté du *Gil Blas*. Elle est délicieuse dans l'histoire de Raphaël, cette description de la caverne, située « dans un grand rond de verdure » où « des arbrisseaux charmants parfument l'air aux environs », tandis que de petits ruisseaux formés des gouttes d'eau que « distillaient les rochers, serpentent sur un sol plus jaune que l'or ». Il est vrai que plus d'un trait de ce frais paysage est suggéré par un passage correspondant d'Espinel, mais en voici d'autres dont la seule imagination de Lesage a fait tous les frais, et qui éclipsent au moins le mémorable petit bois, le cabinet de verdure et les bancs où venait se coucher et rêver le héros de *la Princesse de Clèves* :

Toutes les allées bien sablées et bordées d'orangers, un grand bassin de marbre blanc, au milieu duquel un lion de bronze vomissait de l'eau à gros bouillons, la beauté des fleurs, la diversité des fruits, tous ces objets ravirent Scipion, mais il fut particulièrement enchanté d'une longue allée qui conduisait, en descendant toujours, au logement du fermier, et que des arbres touffus couvraient de leur épais feuillage. ... Nous nous retirâmes dans le premier bois qui s'offrit à nos yeux. Nous nous y enfonçâmes et nous arrivâmes à un endroit où coulait un ruisseau d'une onde cristalline qui allait joindre lentement les eaux du Guadalaviar.... Je gagnai la vaste et délicieuse campagne qui conduit, entre des vignes et des oliviers, à l'ancienne cité de Carmonne.... Vous verrez de votre fenêtre les bords fleuris de l'Erêma et la vallée délicieuse qui, du pied des montagnes qui séparent les deux Castilles, s'étend jusqu'à Coca.... Il me semble que je vois l'émail des prairies, que j'entends chanter les rossignols et murmurer les ruisseaux.

Fénelon ne peignait pas si bien dans le *Télémaque*, et il faudra attendre Rousseau pour trouver mieux.

VI

C'est enfin autant pour ajouter à la vraisemblance de ses peintures des hommes et des choses, que pour piquer la curiosité publique ou satisfaire sa malice satirique, que Lesage a farci son *Gil Blas* d'allusions aux mœurs et aux anecdotes de son temps. Nous n'en avons plus toutes les clefs, mais nous en savons assez pour mesurer sa curiosité du document humain, comme on dit aujourd'hui, et apprécier l'emploi qu'il en a fait.

Aidés çà et là du comte de Neufchâteau, qui paraît avoir recueilli quelques confidences du comte de Tressan, lequel avait vu lever les masques par Lesage retiré à Boulogne, nous reconnaissons, avec une certitude suffisante, le recteur *Dagoumer* dans ce licencié *Guyomar* qu'on ramasse ivre mort, et qui n'a d'autres défauts que d'aimer un peu trop le vin, le procès et la grisette ; et aussi Baron, dans cet « histrion honoraire, plus vieux que Saturne », qui fait encore le petit-maître, grâce à la teinture de ses cheveux, de ses sourcils et de sa moustache, et au silence des registres de sa paroisse sur la date de sa naissance. Pour le salon de la marquise de Chaves nous n'avons que l'embarras du choix entre les salons de la marquise de Lambert ou de la duchesse de Bouillon ou de Mme de Tencin ; et entre Fontenelle, Lamotte, Sacy, Valincour, etc., pour les hôtes de ce « bureau des ouvrages d'esprit ». Si nous passons des cercles où l'on se choisit aux cafés où l'on se mêle, nous ne serons pas embarrassés pour trouver des visages de connaissance. Respectons l'incognito de ces deux *politiques de café* qui, « les coudes appuyés sur une table, s'entretiennent tout bas, dans ce coin, en se soufflant au nez leurs haleines ». Elles doivent être empoisonnées s'ils élaborent quelqu'un de ces pamphlets que va leur emprunter Lesage pour son *Turcaret*, par exemple *l'Art de voler sans ailes* ou celui de *plumer la poule sans la faire crier*. Mais plantons-nous devant ce *don Bernard Deslenguado*, « cet esprit plein de fiel, un auteur né sous l'étoile de Saturne, un auteur malfaisant qui se plaît à haïr tout le monde et qui n'est aimé de personne ». Où sommes-nous, sinon au café de la veuve Laurent ? Et qui est ce *Deslenguado*, sinon l'auteur des fameux couplets qui n'épargnaient même pas l'ami Danchet, et le chansonnaient sur un air d'*Hésione*, pour comble d'impertinence? C'est Jean-Baptiste Rousseau lui-même; on va ramasser ses venimeux petits paniers sous les tables : et comment se fait-il que personne ne l'ait encore nommé? Remontons jusqu'au quartier de l'Université et prêtons l'oreille à ce petit homme qui dit si vertement son sentiment sur les ouvrages affichés et notamment sur une « nouvelle traduction d'Horace ». Eh! mais, c'est Boindin, le nabot qui, au dire de Voltaire, « toujours parle, argue et contredit », et sa victime est en ce moment le père Tarteron, qui a bien pu commenter Horace à notre auteur lui-même, du haut de sa chaire de rhétorique. Alors il a été bien écouté! Mais que de masques transparents à la file! Voici les célèbres docteurs Audry et Hecquet, de leur vrai nom, que Gil Blas prononce *Andros* et *Oquetos*, ou encore le prince du scalpel, *Procope-Couteaux*, dont il se donne au moins la peine de traduire le nom prédestiné, en l'appelant *Cuchillo*.

Signalons enfin, pour mémoire, ces anecdotes qu'il serait trop long de rapporter et dont le comte de Neufchâteau et d'autres nous affirment que tout Paris en avait été témoin : par exemple la tragique histoire de la femme de qualité qui fit élever ses fils comme des spadassins, pour qu'ils vengeassent leur père tué en duel; ou encore la brusque retraite de la petite Marialva, maîtresse du roi, dans le couvent des filles pénitentes; ou enfin l'affront, deux fois mérité, que s'attire l'insolente Lucinde, de la part de son duc, pour avoir voulu se pavaner dans une assemblée publique près de la duchesse légitime, etc.

Mais toutes ces allusions — y compris l'emploi du nom de ses voisins et *amis* de Sarzeau, les *Rollandos*, qui ne fut qu'une espièglerie — sont assez anodines, les personnages sont assez travestis, les lecteurs assez dépaysés, et toutes les retouches de l'écrivain assez larges, pour qu'il ait pu faire, dans sa préface, sans trop de malice, cet aveu public : « A Dieu ne plaise que j'aie eu le dessein de désigner quelqu'un en particulier. Qu'aucun lecteur ne prenne donc pour lui ce qui peut convenir à d'autres *aussi bien qu'à lui* ». Il s'était seulement acquis un droit de plus à déclarer : « Je ne me suis proposé que de représenter la vie des hommes telle qu'elle est ».

C'est bien la vie, toute vive, pour ainsi dire, qu'encadre cette personnalité de Gil Blas, si vivante elle-même, dans la mémoire des hommes, que son nom vient se confondre sans cesse dans leur bouche avec celui de son père. Mais pour avoir le sens complet de la comédie réaliste, aux cent actes divers, dont il est le protagoniste et le perpétuel interprète, il nous faudra revenir droit à l'auteur, après avoir achevé de traverser son œuvre, et lui demander alors directement le secret de sa conception de la vie.

CHAPITRE V

ŒUVRES MÊLÉES : « LE THÉATRE DE LA FOIRE », « LE BACHELIER DE SALAMANQUE », ETC.

Après avoir conquis son originalité et l'avoir fait éclater à tous les yeux dans deux chefs-d'œuvre, Lesage l'abdiqua souvent dans des œuvres secondaires qu'on lit peu et qu'on déprécie trop. Pourtant elles ont un titre général à l'indulgence de la postérité, celui d'avoir nourri leur auteur en lui permettant de polir son *Gil Blas*, vingt ans durant. Elles en ont d'autres, d'ailleurs, et l'une, au moins, de ces œuvres alimentaires, le *Théâtre de la Foire*, mérite d'être lue pour elle-même.

I

« Allons à la Foire voir de nouveaux visages », dit Asmodée à l'écolier, à la fin de la *Critique de Turcaret.* Lesage les y suivit. Le moment était propice.

En 1697, Mezzetin et sa troupe ayant été chassés, sur le soupçon d'avoir voulu jouer Mme de Maintenon, dans leur comédie de *la Fausse Prude*, dont le titre seul avait paru une insupportable satire, les forains s'étaient aussitôt jetés sur le domaine comique abandonné par les Italiens. Mais ils avaient eu à soutenir, quinze ans durant, une guerre comique contre les comédiens privilégiés de la Comédie-Française et de l'Opéra. Enfin la comédie foraine, la pauvre *ridadondaine*, commençait à reprendre langue, quand Lesage vint à son aide.

C'est une bizarre destinée que celle de notre auteur. La postérité, qui lui conteste encore, en maint endroit, l'originalité du *Gil Blas*, lui fait volontiers honneur de tous les mérites vraiment originaux du Théâtre de la Foire, dont, en fait, presque aucun n'est de son invention. Il les faut reporter d'abord aux auteurs de ce *Théâtre italien* qu'on oublie trop, et dont il avait sous les yeux cette édition de 1700 où Boileau trouvait du sel partout, ce qui le consolait un peu de Molière défunt. Avant Lesage, les Regnard, les du Fresny, les Noland de Fatouville, les Palaprat et leurs émules, tous Français d'ailleurs, avaient porté sur la scène du Théâtre italien la parodie et la critique littéraires, et avaient farci leurs bouffonneries d'un ambigu de mythologie et de féerie, de souvenirs classiques et de contes populaires, de moralités, de paysanneries et de farces renouvelées du répertoire du moyen âge, depuis *Robin et Marion* jusqu'aux *verves* des Tabarin, des Blanchet et des

Gros-Guillaume. Avant lui, et avec une audace effrénée, ils avaient dardé leurs traits amers contre les ménages pourris par le jeu, le coulage et une galanterie déjà cynique, contre les beaux vices des plumets, des rabats et des traitants, contre les plats travers des boutiquiers, la vénalité insolente des procureurs et la rapacité brutale des gens de justice, contre les Académiciens insuffisants et leurs fournisseurs clandestins de harangues officielles, contre les odes pindariques, les journalistes et les maîtres à chanter, à danser ou à tout faire, contre les Comédiens français, le grand Opéra et la Comédie italienne elle-même. Il y a plus. On veut que les forains, réduits au silence, aient inventé l'emploi scénique des couplets mis sur des airs de vaudevilles populaires, et destinés à être chantés en chœur par le public, et que Lesage, faisant de nécessité vertu, ait tiré de ce *truc* l'opéra-comique : c'est une erreur. Les couplets chantés, avec des timbres populaires à la clef, que nous avons pu entendre fredonner encore par nos grand'mères, comme le dolent *Réveillez-vous, belle endormie!* ou le joyeux *Lanturelu* de la *Mère folle* de Dijon, se rencontrent déjà dans *l'Opéra de campagne*, *la Baguette de Vulcain*, *les Souhaits*, *le Départ des comédiens*, *Attendez-moi sous l'orme*, *les Promenades de Paris*, *la Foire Saint-Germain*, sept pièces du répertoire italien antérieures à 1697. Mais si Lesage n'a inventé aucun des ingrédients essentiels des cent et quelques pièces de son *Théâtre de la Foire*, ses mérites, pour être différents de ceux qu'on lui attribue d'ordinaire, n'en sont pas moins très appréciables et tout à fait dignes de l'attention de la critique.

Quand les forains, sauteurs de corde et montreurs de curiosités, entreprirent de remplacer les Italiens bannis, ils avaient peut-être assez d'agilité pour succéder à Arlequin, et aidés de quelques comédiens de province, ils interprétaient tant bien que mal son répertoire, mais il fallait le renouveler. Or les fournisseurs attitrés des Italiens, les Regnard et les Du Fresny, étaient passés à la Comédie-Française, à laquelle ils allaient donner leurs chefs-d'œuvre. Les pauvres forains en étaient donc réduits aux platitudes des rimeurs de balle, et la succession de Mezzetin menaçait de tomber en déshérence, quand l'auteur de *Turcaret*, faisant un plaisant chassé-croisé avec Regnard et Du Fresny, vint leur apprendre à la recueillir.

Mais il ne le fit que sous bénéfice d'inventaire. Il s'en expliquait dès sa première pièce pour les forains, *les Petits-Maîtres*, qui est du 19 septembre 1712. Il ne l'a pas jugée digne de l'impression, mais on nous excusera d'en citer quelques couplets où le nouveau venu expose évidemment son programme aux habitués des spectacles forains, et qui nous renseignent sur le goût du public du temps. Arlequin en petit-maître dit au chevalier qu'il rencontre à la Foire :

Je vois ce qui t'amène,
Je connais ton goût fin :
Tu quittes Melpomène
Pour chercher Arlequin.

Et le chevalier répond par cet aveu :

J'aime l'arlequinerie.
Oui, je suis dans ce goût-là,
Ma foi je bâille à l'opéra,
Je m'endors à la comédie.

Sur quoi une *crieuse* leur jette ce boniment :

Venez, Messieurs, Mesdemoiselles,
Venez chez nous, vous rirez bien,
Vous verrez *des farces nouvelles*
Du vieux théâtre italien.

Mais Arlequin se récrie :

Oui, mais en fait de vaudeville
Je suis un peu délicat, moi, etc.

Pour comprendre le sens de cette restriction de Lesage : *Je suis un peu délicat, moi*, point n'est besoin de remonter à certaines infamies des canevas de Dominique qui ont fait reculer jusqu'à leur traducteur Gueullette, il suffit d'ouvrir le *Théâtre des boulevards* du même Gueullette et l'on sera renseigné. Passe encore pour ces pantalonnades que caractérise un autre couplet inédit de l'Arlequin de Lesage :

Il faut une pièce farcie
De couplets gras, de tours gaillards,
Et nous aimons à la folie
Les pots de chambre et les pétards :
C'est cela seul qui nous fait rire,
Talalerire.

Lesage ne fera pas fi des *tours gaillards*, mais en général il laissera aux parades du préau *les couplets gras* et le reste. Voilà donc le premier article de la poétique de Lesage, auteur forain. Il diminue le poivre, sinon le sel de la farce italo-gauloise : c'est un mérite.

Pour rattraper honnêtement ce qu'il perdait, aux yeux du public, à ce partage de l'héritage des Italiens, il renouvelle les cadres de l'action. On le voit en effet, dès sa première pièce imprimée, *Arlequin roi de Serendib*, remédier à la monotonie des scènes à tiroirs par le piquant d'une intrigue légère et appropriée au genre. Il y transporte d'ailleurs en Orient tout le personnel de la comédie italienne, à grands renforts de gais couplets et de vives satires, de parodies et de lazzi, le tout amalgamé avec une limpidité et une prestesse qui seront désormais sa marque. Cette turquerie ayant eu un succès que renouvelle bientôt *Arlequin invisible*, il puisera souvent, et toujours avec adresse, dans ces recueils de contes arabes et persans, nouvellement traduits, et dont il avait revu le style, ce qui lui donnait au moins le droit d'y prendre son bien.

En même temps il avait montré à quelle sauce nouvelle il entendait accommoder les restes de la comédie italienne. *La Ceinture de Vénus*, par exemple, ou la parodie de l'opéra de *Télémaque* offrent déjà une prestesse dans la satire, une décence relative dans les sous-entendus, un piquant dans les caractères qui étaient assez nouveaux, et partout ce naturel et cette légèreté de touche qui ne sont qu'à lui. Aussi dès ces premières pièces qu'il composa seul, son originalité est-elle évidente en face de la monotonie du scénario, du tohu-bohu, et de toutes les outrances de ton et de satire du Théâtre italien, et M. Vaudeville pouvait chanter :

Bonne musique,
Fine critique,
Tout y pique.

La poétique du *vaudeville dramatique* était trouvée, et pour continuer à l'appliquer, aux applaudissements du public, Lesage pouvait désormais prendre des collaborateurs sans avoir à craindre qu'on leur fît le principal honneur des succès à venir. Nul doute pourtant que d'Orneval et surtout Fuzelier, « ce cher Plaute », comme il l'appelait, n'aient contribué pour une bonne part à cette extraordinaire variété dans l'invention et dans la conduite de tant de bluettes qui en est le mérite le plus original. C'est même grâce à cette variété qu'on en peut soutenir encore la lecture presque partout sans ennui et, le plus souvent, avec un réel plaisir.

Nous tenons, par exemple, pour de fort agréables comédies de mœurs *les Amours déguisés*, ou ce *Tableau du mariage* qui était si applaudi hier encore à l'Odéon, sous le titre du *Klephte*, ou ces *Amours de Nanterre* si gentiment intriguées. Dans *la Boîte de Pandore*, dans *l'Espérance* ou dans *le Régiment de la Calotte*, il faut reconnaître et saluer l'intéressante postérité des moralités allégoriques et des *sotties* de notre vieux théâtre. Ce n'est pas une farce médiocrement plaisante qu'*Arlequin Hulla*. En tout cas, *les Trois Sultanes* de Favart éclipseront seules le succès durable d'*Achmet et Almanzine*, le chef-d'œuvre de ces ingénieuses orientales de l'opéra-comique dont Lesage est bien l'inventeur authentique. Et n'y a-t-il pas aussi çà et là, dans *l'École des amants*, par exemple, une finesse de psychologie qui annonce l'approche de Marivaux? Lesage a eu tort sans doute de nous donner dans *la Force de l'amour* une occasion de le mesurer avec l'auteur d'*Arlequin poli par l'amour*, mais il s'aperçut bien vite qu'il avait trouvé son maître dans la comédie sentimentale, et il laissa la scène italienne à son jeune rival pour revenir à ses tréteaux. Toutefois *la Reine du Barostan* reste assez piquante à rapprocher du *Jeu de l'amour et du hasard*, au moins pour l'identité du scénario qui est fort curieuse, même quand on sait que Lesage et Marivaux avaient un commun modèle dans *l'Épreuve réciproque* de Legrand et surtout dans son *Galant coureur*.

Pour voir que tout l'intérêt littéraire de ces parodies et satires littéraires n'est pas encore émoussé, on relira *les Comédiens corsaires*. Les rares hardiesses de Lesage, dans la satire politique, devaient être vite dépassées, mais elles ne sont pas sans intérêt, dans *le Temple de Mémoire*, lorsqu'il persifle les conquérants, « ces fendeurs de naseaux »; ou lorsque, dans *la Boite de Pandore*, il met en scène ce *M. de la Coridonière* qui *a eu le gros lot*, en s'avisant brutalement qu'« il était beau de commander aux autres ». Mais qu'il y a loin de là à l'*Arlequin sauvage* où Delisle venait d'esquisser par avance le *Contrat social*, et à ces étincelantes fantaisies où son jeune rival Piron s'ingéniait à recueillir toute l'audace satirique des Italiens!

En revanche, dans la satire des mœurs et des conditions, Lesage, dans son *Théâtre de la Foire*, comme dans le *Gil Blas*, est sans rival, sinon pour l'amertume des traits, du moins pour la finesse et la malice des critiques, pour la vérité de l'observation, pour le naturel, la vie et l'inépuisable variété des originaux, enfin pour sa plaisante adresse à saisir et à transporter tout vifs sur ses tréteaux, où ils étaient à leur place, ces faits divers et ces piquantes actualités dont Dancourt se hâtait trop de tirer des comédies pour la scène de Molière. On s'en assurera sans ennui en parcourant *la Sauvagesse*, *le Temple de Mémoire*, *le Régiment de la Calotte* ou encore *la Tête noire*, cette mystification des coureurs de dot qui a été renouvelée de nos jours en plein Paris, en retrouvant toutes ses dupes. Que ne lisaient-elles le *Théâtre de la Foire*!

En somme, considérons la discrétion et le bon goût avec lesquels Lesage mit les forains en possession de l'héritage de Mezzetin; mesurons l'ingéniosité dont il fit preuve en rafraîchissant les cadres traditionnels de la comédie dite *italienne* par le développement des vaudevilles, par les artifices d'une intrigue plus savante, et par l'introduction de ces sujets orientaux qui dépaysent, en les nuançant de teintes nouvelles, Arlequin, Pierrot et leurs comparses; tenons compte surtout de l'esprit et du talent d'observation qu'il dépensa pour enrichir le fond après la forme, et corriger à la française, par tant de traits de malice et de gaieté, de vérité et de naturel, les caricatures un peu chargées, à l'italienne, des fournisseurs français du Théâtre italien, et nous applaudirons à cette déclaration si modeste de la préface du *Théâtre de la Foire* où perce l'accent d'une sollicitude toute paternelle : « Nous n'avons osé mettre au jour que les pièces qui ont plu par le mérite de leur propre fonds. Peut-être n'y trouvera-t-on pas de quoi justifier *le plaisir que tout Paris y prenait*, quoiqu'il y ait *des caractères*, *du plaisant*, *du naturel*, *de la variété*. »

S'il n'y a pas là de quoi dédommager les admirateurs de *Turcaret*, des chefs-d'œuvre que son auteur leur devait peut-être, du moins les amis de la vieille gaîté française y trouveront-ils leur compte ; et tous ceux qui cherchent dans la littérature une image vivante de la société, estimeront que le Ménandre de la Foire n'a ni failli à sa vocation, ni gaspillé son talent. Ces derniers auront même à lui savoir gré d'avoir levé bien des masques à la faveur de la liberté foraine, car ils trouveront sans peine, dans la foule de ces bluettes plus ou moins brillantes, d'utiles renseignements sur sa conception de la vie et la meilleure des clefs du *Gil Blas*.

II

C'est un intérêt du même ordre qui saute aux yeux d'abord dans la plupart des autres œuvres que Lesage composa parallèlement au *Gil Blas*. Il devrait suffire à leur attirer des lecteurs. Il n'y est pas seul, et tous ceux qui aiment Lesage se plairont à le chercher jusque dans ses moindres opuscules, et ils l'y trouveront. Ainsi il a certainement tenu la plume pour le traducteur des *Mille et un Jours*, comme le veut la tradition, et comme on peut le vérifier en goûtant à toutes les pages ce plaisir particulier que donnent l'aisance et la limpidité caractéristiques de son style, et dont nul ne sera tenté de faire honneur au bonhomme Pétis de la Croix.

Dans la comédie des *Amants jaloux*, dont la composition dut suivre de près celle de *Don César Ursin*, bien qu'elle n'ait été jouée qu'en 1735, on reconnaîtra le même art dans la conduite de l'intrigue. Lesage n'y pèche même que par un excès d'habileté. Des mots drôles et mordants y pétillent à travers un dialogue bien coupé, et deux scènes de dépit amoureux, fort agréables vraiment, y reposent un peu des secousses d'une intrigue qui ricoche d'équivoque en équivoque, et n'est trop souvent qu'un jeu de propos interrompus, un peu agaçant.

Cette adresse d'arrangeur, qui nous a frappés dans les œuvres de sa première manière, n'est pas moins visible dans son *Roland l'amoureux*, où il coupe et recoud à sa guise la traduction que Rosset avait déjà donnée du Boiardo. Tout en corrigeant certains tableaux licencieux de l'original italien, et sans se gêner d'ailleurs pour renchérir sur les gasconnades épiques des héros, il sait glisser chemin faisant, par exemple dans le gracieux épisode du sommeil d'Angélique (l. I, ch. x), des enjolivements délicats où se retrouve le galant traducteur d'Aristénète, et qui sont des preuves décisives de la flexibilité trop peu connue de son talent.

Le roman où il conta en 1732, d'après les mémoires du héros, les prouesses très réelles et presque épiques du flibustier Beauchêne, forma ensuite une piquante transition entre les prouesses romanesques de *Roland l'amoureux* et l'épopée réaliste de *Guzman d'Alfarache*. Outre l'histoire épisodique de Monneville, si dramatique, si réaliste aussi, avec ses scènes rivales de celles dont Crébillon commençait à remplir les imaginations, il y a dans ces *Aventures de Beauchêne* des apologies passionnées de la vie égalitaire des héroïques gredins de *la flibuste*, une simplicité stoïque dans des récits de combats atroces et d'exploits prodigieux, un emploi pittoresque du *style marin*, et, par-dessus tout, des saillies d'un humour intarissable, qui donnent à l'ouvrage une saveur âcre et exotique, très neuve, laquelle venait sûrement de l'original, que le rédacteur eut le bon goût de nous conserver et qui devrait faire lire son ouvrage, tout tronqué et hâtif qu'il est.

Lesage retrouva le succès qui avait fait défaut à

son *Beauchêne*, en revenant aussitôt et pour toujours à sa mine espagnole, d'où il tira coup sur coup trois romans. On ne les lit guère et la critique n'y veut plus voir que des variantes fastidieuses du *Gil Blas* qu'excuserait seul le besoin d'épuiser le succès de ce chef-d'œuvre. En cela le public use de son droit, mais les critiques abusent du leur. Au moins pourraient-ils mettre des nuances dans leur dédain.

Nous faisons bon marché du *Guzman d'Alfarache*, le moins original des écrits de Lesage, et où les expressions et « les petites façons » de son devancier Brémond sont conservées en majorité et sans scrupule. Remarquons seulement que Lesage ne mérite pas tous les reproches qu'on lui a prodigués sur l'indécence de certains traits : qu'on les compare donc un peu aux révoltantes obscénités dont Brémond lui-même et surtout Chapelain ont émaillé, sous couleur de fidélité au texte, les passages correspondants de leurs traductions.

Si l'on retranche d'*Estévanille Gonzalez, surnommé le Garçon de bonne humeur* : d'abord les passages pris directement à l'original espagnol, lesquels se bornent au nom ou au surnom du héros, et à ses mésaventures dans l'apprentissage de garçon barbier; puis ceux empruntés à l'*Obrégon,* à savoir la rencontre des *gitanos*, le nécromancien dévoilé et l'aventure de la jeune captive Grenadine Zeinabis; enfin et surtout les réminiscences du *Gil Blas*, la médiocrité de l'invention et la peine de l'effort pour renouveler un thème fatigué seront très visibles.

Néanmoins on rencontre çà et là bien de l'esprit dans *Estévanille*, encore qu'un peu cherché, et de malignes et profitables observations dont nous verrons plus tard la portée. Il y a enfin, ce qui excuserait tout, un style toujours digne de l'auteur.

Il y a plus et mieux dans *le Bachelier de Salamanque* que Lesage écrivit quand il venait à peine de terminer le *Gil Blas* (1736), comme pour prouver qu'il n'avait épuisé ni son sujet ni sa verve. On estimera qu'il y réussit, si l'on veut seulement se reporter à l'aventure du bachelier « martyr du tempérament » de l'agaçante marquise « qui avait la mémoire farcie de lambeaux romanesques » (c. IX). Il est vrai toutefois que dans les trois derniers livres (1738), Lesage emprunte des épisodes entiers et des expressions innombrables à la traduction par Beaulieu des *Voyages de Thomas Gage dans la Nouvelle Espagne*, comme nous l'avons prouvé ailleurs par le menu, et que trop souvent les aventures et les personnages sont calqués sur ceux du *Gil Blas*. Mais si *le Bachelier* doit beaucoup au *Gil Blas* et à Gage, il ne pille en rien les Espagnols, quoi qu'en ait dit Llorente, et il offre assez de nouveauté dans les cadres, assez de verve dans la peinture et dans la critique des mœurs, pour prendre le troisième rang parmi les romans de notre auteur, et mériter d'être lu immédiatement après *le Diable boiteux*.

Ainsi pensait Lesage, au témoignage de ses éditeurs de 1759. Aussi avec quelle « attention particulière » il a choyé ce dernier-né. Que d'émotion et d'honnêteté dans ces lignes lues par ses éditeurs sur le manuscrit posthume, les dernières peut-être qui soient parties de sa main, et à la fin desquelles se trahit comme une lassitude : « Si Dieu dispose de mes jours avant que je puisse faire réimprimer ce roman que je viens de corriger et d'augmenter, je prie très instamment les personnes entre les mains de qui ce manuscrit tombera de le faire imprimer aussitôt que la première édition sera épuisée, *ce qui* serait préjudiciable au libraire si on le faisait imprimer avant. »

Le Bachelier est donc la dernière œuvre de longue haleine de Lesage. Quant aux opuscules de la fin de sa vie, ils sont à lire pour qui veut avoir le dernier mot sur l'histoire de son talent. On l'y surprendra en quête de traits de mœurs ou d'esprit, et de cadres dont l'élasticité au moins est ingénieuse.

Une journée des Parques met en scène les trois sœurs filandières qui coupent, dans une première séance, et filent, dans une seconde, les écheveaux de la vie des mortels. Grâce aux coups de langue accompagnant les coups de ciseaux, le succès de cet opuscule fut assez grand pour qu'au témoignage d'un contemporain, il « ne fît pas dire encore au lecteur : *Solve senescentem* ». Il y a de la verve et quelques traits neufs dans les trois dialogues des *Cheminées de Madrid*, à la tête desquelles la fumée monte parfois bien vite, et qui content si indiscrètement sur les toits ce qui se passe sous leurs manteaux. *La Valise trouvée*, dont l'idée est empruntée au *Courrier dévalisé* de l'Italien Pallavicino, et non à quelque Espagnol, comme l'avance Llorente, est bourrée des retailles de ses grands ouvrages, et des *Lettres d'Aristénète* qu'il retouche avec une indulgence heureuse. Enfin ce qui n'avait pu entrer dans *La Valise* fut offert au public en 1743, sous ce titre dépouillé d'artifice : *Mélange amusant de saillies d'esprit et de traits historiques des plus frappants.* Ici par exemple on sent que le sac à malices se vide. Nous relevons dans ce *Mélange* jusqu'à trois anecdotes qui se lisaient déjà textuellement dans *Estévanille*, sans compter que la mémoire de l'auteur le trahit : ne va-t-il pas jusqu'à confondre Arrien avec Appien — lui qui avait fait de si bonnes humanités ! — et à le donner pour contemporain d'Aristote ? C'était de quoi le brouiller avec le vieux Danchet.

Il était temps de se souvenir des homélies de l'archevêque de Grenade, et de murmurer le *Solve senescentem*. Lesage le comprit : il partit pour Boulogne avec son *Gil Blas*, et il employa à le corriger les restes d'une verve qui s'épuisait et les dernières lueurs d'un goût qui ne s'éclipsait qu'avec sa santé. Il eut enfin la suprême joie, l'année même de sa mort, de présenter son chef-d'œuvre sous sa forme définitive, à l'admiration et aux critiques de la postérité. C'était clore, avec autant de sagesse que de dignité, l'histoire de son esprit.

DEUXIÈME PARTIE

L'ÉCRIVAIN ET LE MORALISTE

CHAPITRE I

SA LANGUE ET SON ESPRIT

I

Si Lesage a droit à une place parmi les grands écrivains français, il la doit bien moins aux divers mérites que nous avons déjà relevés dans ses œuvres qu'à ceux de son style et de son esprit. Mais ces derniers sont si délicats qu'il nous faut entrer dans le détail et ne pas ménager les citations : ce sont elles qui le loueront le mieux.

Il sait déjà toutes les ressources du style *coupé* :

> Ce bon sujet se nommait Brutandorf. Tant qu'il fit de la dépense, je le reçus favorablement; dès qu'il fut ruiné, il trouva ma porte fermée. Mon procédé lui déplut. Il vint me chercher à la comédie pendant le spectacle. J'étais derrière le théâtre. Il voulut me faire des reproches; je lui ris au nez. Il se mit en colère, et me donna un soufflet en franc Allemand. Je poussai un grand cri : j'interrompis l'action.

Cette vivacité, si fréquente dans le *Gil Blas*, et pour laquelle aucun prosateur, avant Lesage, ne lui est comparable, vient de son habitude du style dramatique. Il fallait être l'auteur des étincelants dialogues de *Turcaret* pour écrire des phrases comme les suivantes où l'on sent déjà la verte allure de Figaro :

Ma situation devint embarrassante; je commençais déjà même à faire diète : il fallut promptement prendre un parti. Je résolus de me mettre dans le service. Je me plaçai d'abord chez un gros marchand de drap qui avait un fils libertin : j'y trouvai un asile contre l'abstinence et en même temps un grand embarras. Le père m'ordonna d'épier son fils, le fils me pria de l'aider à tromper son père : il fallait opter. Je préférai la prière au commandement, et cette préférence me fit donner mon congé.

On trouvera à foison, non seulement dans son théâtre, mais dans *le Diable boiteux* ou dans le *Gil Blas*, les exemples de ce style fringant et court-vêtu, et tout le récit de Laure, par exemple, dans le VIIe livre, va de cette allure trotte-menu.

Mais si Lesage sait user aussi bien que Voltaire et mieux que La Bruyère et Hamilton des effets, tout nouveaux alors, de la phrase courte et ramassée, il n'a pas perdu le secret du style périodique des grands maîtres de la langue. Il en a gardé tout l'art et toute la science, et il y a ajouté sa clarté naturelle. Rappelez-vous, par exemple, les phrases à longue traîne, où il arrive encore à la princesse de Clèves de perdre pied, tandis qu'elle suit les méandres de ses sentiments, et comparez-lui Gil Blas analysant les siens :

Ce n'est point une de ces Messalines qui, démentant la fierté de leur naissance, abaissent indignement leurs regards jusque dans la poussière, et se déshonorent sans rougir : c'est plutôt une de ces filles vertueuses, mais tendres, qui, satisfaites des bornes que leur vertu prescrit à leur tendresse, ne se font pas un scrupule d'inspirer et de sentir une passion délicate qui les amuse sans péril.

Qui donc, depuis Balzac, excepté Bossuet, avait eu le secret d'un nombre si exact et d'une harmonie si savante, et Buffon et Rousseau le retrouveront-ils mieux ? Or des phrases d'une structure aussi musicale abondent non seulement dans le *Gil Blas*, mais dans le *Don Quichotte* et jusque dans *le Bachelier de Salamanque*. Par ces savantes alternances du style coupé et du style périodique, la prose de Lesage a un rythme qui lui est propre et qui marque une date dans l'histoire de notre langue. Il est le premier de nos écrivains auquel on doive appliquer sans restriction ces expressions que La Bruyère se décernait, peut-être un peu prématurément : « L'on a secoué le joug du latinisme et réduit le style à la phrase purement française ». Aussi sa syntaxe est-elle le plus sûr modèle qu'on se puisse proposer, après deux siècles écoulés et tant de variations du goût sur cette matière délicate.

Sans doute la savante mixture du style coupé et du style périodique qui caractérise la prose de Lesage fut facilitée chez lui par l'époque de transition où il écrivait, mais elle lui fut commandée avant tout par le sentiment très net qu'il avait du génie de notre langue, et d'abord de son besoin impérieux de clarté.

Cette qualité prime si bien chez lui toutes les autres, qu'il lui sacrifie jusqu'à la correction apparente. Un sujet lui paraissant trop éloigné de son verbe, il n'hésitera pas à employer un pronom explétif et à écrire dans le *Gil Blas* : « De manière que le juge se voyant réduit à borner sa vengeance à la seule satisfaction d'ôter les biens à un homme dont il aurait voulu verser le sang, *il* n'y travailla pas en vain ». Il dira trop scrupuleusement dans *Don Quichotte* : « Cependant on mit dans la fosse le faux frère Jacques, *dont* les paysans voulant avoir des reliques, déchirèrent *son* manteau ». Mais pour avoir toute la mesure de ses scrupules là-dessus, on se reportera aux retouches qu'il fit subir à ses *Lettres d'Aristénète*, en les réimprimant dans *la Valise trouvée*. On y observera comment le maître-écrivain, après un demi-siècle d'expérience, passe la lime d'une main légère sur son style de débutant. Quelles minuties et quelle leçon! Et comme on voit là que pour les grands *ouvriers de la langue*, ainsi que s'intitulaient les fondateurs de l'Académie, il n'est pas de trop mince besogne.

Aussi quelle prudence et quelle précision délicate dans tous les détails du style, par exemple dans l'emploi des moindres particules : « La compagnie qui ne se leva *ni* même *ne* le salua *point* » ; ou encore dans celui des temps : « Dès que tu jugeras que ma tête *s'affaiblira*.... On dira que tu *l'auras* mal élevé.... » Et partout quelle lucidité dans l'expression, et quel souci de la propriété des termes : « Ils ne parlèrent que de commerce, et l'on peut dire que leur conversation fut plutôt une *conférence* de négociants qu'un *entretien* d'amis qui soupent ensemble ». Quelle adresse à user du pouvoir du mot mis en sa place : « Hier en te voyant je te reçus comme un homme qui revenait à moi *nécessairement.* »

Et pourtant ce constant souci de la clarté n'impose à Lesage presque aucune répétition de termes, tant il en a sous la main. En voici, dans la même page, quatre pour un qui eût suffi à tout autre : « Les trois héritiers de Pedro font tour à tour *la dépense* d'une journée.... Avant-hier ton père *faisait les frais*.... Ton oncle le mercier *mit hier la nappe*.... Pour aujourd'hui *tout roule sur mon compte*.... » Et n'allons pas croire qu'il y ait là une virtuosité de styliste, c'est, pour lui appliquer une de ses pittoresques expressions, *un flux de bouche* naturel. Les mots lui viennent avec une quantité égale à leur qualité. Toute la langue des honnêtes gens et même un peu de l'autre, si l'on va jusqu'au *Guzman*, est dans Lesage, et combien peu de ses termes ont vieilli, à tort ou à raison, tels que *penard*, *brindes*, *paraguante*, *gracieuser*, ou encore *ma gloire*, dit par une femme au sens cornélien. Il est d'ailleurs un écrivain si « naturel », selon son expression favorite, qu'il ne reculera à l'occasion, ni devant les termes que Vaugelas eût trouvés bas, ni devant des locutions familières ou techniques : dans le *Gil Blas* même il appellera un chat *un matou*, et un cochon *un cochon*. Il dira *empiffrer*, *grapiller*, *fouille-au-pot*, des *craqueuses*, *fesser* les bouteilles, *débaucher* quelqu'un qui était embauché, tenir *pied à boule*, *ne trouver ni roi ni roc*, *marquer une chasse*, *racler le boyau*, *souffler un amant*, *rater* un galant, *tirer les vers du nez*, *faucher le grand pré* (ramer sur les galères), *cracher au bassin du chirurgien* (le payer), *être frit à l'huile* (mourir), *dire des gueulées*, etc.

S'il ne fuit pas, s'il recherche même parfois les locutions populaires, il est visible que partout — dans le *Don Quichotte* excepté, naturellement, quand Sancho est en scène — il se garde des proverbes traînés dans les ruisseaux des halles, et de ces locutions toutes faites qui endorment l'invention de l'auteur et l'attention du lecteur. Ainsi on ne relèvera pas dans tout le *Gil Blas* plus d'une douzaine de locutions proverbiales, telles que : *à quelque chose malheur est bon*, *je comptais sans mon hôte*, *faire venir l'eau au moulin*, *branler dans le manche*, *être né coiffé*, *qui a langue va à Rome*. D'ailleurs il en est d'elles, toujours dans le *Gil Blas*, comme de toutes les verdeurs de termes qu'on y pourrait noter : elles sont naturelles dans la bouche de celui qui parle, et il est manifeste que Lesage ne les emploie que pour ajouter à la vérité du ton. Jamais en effet il n'est en peine pour trouver une circonlocution expressive et neuve. Il n'a guère d'égal que

Racine pour l'adresse dans les alliances de mots, soit qu'il les invente avec une fécondité digne de Montaigne, soit qu'il les place mieux qu'on n'avait fait avant lui. Ici les échantillons abondent, mais ils n'ont leur pleine valeur que par l'effet du contexte. Il faut se reporter aux passages où il dit : « un vieil adolescent.... Il y a de la bourre dans votre action.... Vous avez l'outil universel.... L'esprit me pue.... Des grâces qui engraissent tout à coup.... Mme la marquise est aussi un peu grippée de philosophie.... Des compliments à mi-sucre.... Je suis à la plume et au poil, j'écris en vers et en prose.... Avoir un esprit à contre-poil.... Tenir aussi bien sa morgue qu'un préfet de collège.... Se *démêler* d'une embrassade.... Avoir une disposition prochaine à manger tout son bien.... Une pupille sous l'aile de son aïeule.... Une fille d'auberge qui ne laissait pas de faire valoir le bouchon.... L'amour qui *s'allume* dans le cœur des jeunes filles.... Être possédé d'une femme.... Une coquette occupée à fondre la vaisselle d'un petit marchand orfèvre.... Se laisser prendre à la glu de la déclamation d'une comédienne », etc.

Or la maîtrise ici est dans ce fait que, parmi la quantité innombrable de ses alliances de mots et de ses figures de style, il en est fort peu qui heurtent le goût par leur hardiesse ou qui l'inquiètent par un air de préciosité. Tous les reproches qu'on pourrait lui faire de ce chef dérivent d'une cause unique, l'abus de la mythologie et des citations. Ah! il faut avouer par exemple que Gil Blas est trop plein de son Horace : dans la même page, après l'avoir cité sur l'avarice, avec Isocrate sur l'intempérance, il se dira aussi fou que les disciples de Porcius Latro et servi par un cuisinier « comparable peut-être à celui du Romain Nomentanus ». Il abuse vraiment, et ne ressemble-t-il pas un peu alors à cet oncle Thomas, citateur intarissable, dont il se moquait tant? Et comment essuyer, sans impatience : « Nouveau Ganymède, je succédai à cette vieille Hébé », à propos de Gil Blas qui remplace la vieille auprès des voleurs, pour « présenter le nectar à ces dieux infernaux »? Quoi de plus fâcheux que : « Je vais, comme la triple Hécate, faire trois personnages différents... »; ou que « les plus charmantes retraites ne plaisent guère sans Bacchus et sans Cérès » dits par le bandit Ambroise! et que : « Cette vénérable héroïne de théâtre eût été propre à jouer le personnage de Cotys »; et que « mon Hélène » répété chaque fois qu'un Pâris enlève ou veut enlever une femme aimée, c'est-à-dire cent fois, au moins; et que : « Il m'amena deux médecins qui avaient tout l'air d'être de grands serviteurs de la déesse Libitine! » Comme il fallait que la mythologie fût alors une livrée de bon goût, pour qu'un écrivain aussi naturel la prît si constamment. C'est un vice du temps dont il n'a pas songé à purger son style, et l'on peut dire en ce sens qu'habile à secouer le joug du latinisme dans l'arrangement des mots, il l'a recherché dans l'ornement des pensées. Qu'il y eût là une mode qui paraîtrait quelque jour bien surannée et qui *daterait*, comme on dit, c'est ce dont il ne paraît s'être douté qu'une fois, et encore! C'est quand il écrit : « Ce coup tiré à bout portant effaroucha l'amour qui m'allait décocher une flèche. *Pour parler sans métaphore*, un mariage proposé si crûment me fit rentrer en moi-même. » A la bonne heure!

Lui reprocherons-nous maintenant quelques métaphores comme approchant de ce pompeux galimatias qu'il raille si vertement chez Fabrice? Ils sont rares et ne se rencontrent que dans les épisodes romanesques les passages semblables à celui-ci : « Non, Siffredi, perdez cette espérance : avant que de voir *allumer le flambeau* de cet affreux hymen, vous verrez toute la Sicile *en flammes* ». Mais quand Gil Blas risque : « Croyant avoir par cette manœuvre délivré le bateau de ma fortune du péril de s'ensabler », cela n'est-il pas dit avec une sorte d'emphase comique et voulue? La même excuse est de mise quand il parle phébus, en « s'imaginant avoir attaché un clou à la roue de la fortune ». On doit observer expressément qu'il y a là une ironie latente chez l'auteur; sinon autant vaudrait l'accuser d'être un de ces *néologiens* qu'il détestait tant, lorsqu'il risque *prosateur*, qu'il met les termes d'*impéritie* et d'*orthodoxie* médicales dans la bouche du docteur Sangrado, ou d'*autoricide*, d'*amicide* dans celle d'Arlequin, ou d'*air nébuleux*, dans celle d'un petit-maître. Sans doute il a des expressions favorites, et il abuse des *pavots du sommeil*, et de quelques autres redites comme *sonder le gué*, *se faufiler* surtout. Mais quel écrivain en est exempt, et en relèvera-t-on une douzaine de ce genre dans toute son œuvre? Et combien trouvera-t-on dans le *Gil Blas* de négligences comme celles-ci : « Cet hôpital d'où je vais dès ce jour sortir par ton assistance, *comme effectivement* il se fit transporter dans une chambre garnie.... Après avoir eu avec lui deux ou trois conversations, *il* m'honora de sa confiance. » Il faudra éplucher les trois parties de ce gros roman, et arriver à la dernière pour découvrir une phrase, la seule, qui *sente l'apoplexie*. La voici :

J'avais sujet d'être content de ma place, qui, me donnant sans cesse occasion d'être avec le comte-duc, me mettait à portée de voir le fond de son âme, que tout dissimulé qu'il était naturellement, il cessa de me cacher, lorsqu'il ne douta plus de la sincérité de mon attachement pour lui.

Ces remarques nous semblent épuiser la liste des critiques possibles et combien minces! On n'en pourrait faire d'autres qu'en répétant celles du duc d'Olivarès sur le style de Gil Blas : « Ton style est concis et même élégant, mais je le trouve un peu trop naturel ». Qui donc se risquera à réclamer avec le noble duc *du sublime* et *du lumineux*, ou avec Fabrice « des phrases entortillées, des expressions détournées », comme « les intermèdes *font beauté* dans une comédie », au lieu « des mots marqués au coin du public, du peuple, cet excellent maître de langue »? Qui, sinon les *cinq ou six nova-*

teurs dont parle Fabrice? Ils ne meurent jamais d'ailleurs, d'aucun côté des Pyrénées, et on les trouverait encore tout prêts à déclarer net à Gil Blas avec le poète des Asturies : « Et toi, tu n'es qu'une bête avec ton style naturel! » Or le plus plaisant de la chose, c'est qu'ils auraient quelques rieurs pour eux et qui ne seraient pas tous de mauvaise foi, car l'esprit de notre auteur n'est pas toujours celui qui a cours aujourd'hui, comme on va voir.

II

Ici encore le point de départ est marqué par La Bruyère. Le même passage où il loue la langue française de progrès qui devaient attendre Lesage pour être tout à fait accomplis, se termine par cette prophétie : « L'on a mis enfin dans le discours tout l'ordre et toute la netteté dont il est capable : *cela conduit insensiblement à y mettre de l'esprit* ». Rien ne s'applique mieux à l'auteur du *Gil Blas* : il a mis de l'esprit dans son style, *insensiblement*, avec une discrétion qui en est la marque.

Il s'y essaye dès *le Diable boiteux*, mais il y réussit beaucoup moins qu'on ne dit sur la foi d'une ou deux citations, toujours les mêmes. Jusqu'aux meilleurs endroits, on voit trop le mal qu'il se donne pour aiguiser ses traits, ici par exemple : un tendron ayant épousé un barbon, lequel n'a pas eu le temps de signer la ruine de deux enfants d'un premier lit, « mourut vingt-quatre heures après lui, de regret qu'il ne fût pas mort trois jours plus tard. — Un maître à danser a fait faire un mauvais pas à une de ses écolières. » Néanmoins cela est assez drôle, quoique apprêté; voici même qui l'est tout à fait : un mendiant de profession refuse sa fille à un manchot, en ces termes : « Fi donc! Vous n'êtes qu'un manchot et vous osez prétendre à ma fille? Savez-vous bien que je l'ai refusée à un cul-de-jatte? » Quant au mot tant cité : « Après cela, on nous réconcilia; nous nous embrassâmes; depuis ce temps-là, nous sommes ennemis mortels », qu'on en cherche donc un autre d'équivalent ou d'approchant dans tout *le Diable boiteux*! On y trouvera d'ordinaire une satire plus âcre que spirituelle; des mots d'auteur, laborieusement prêtés aux personnages, longuement aiguisés sans piquer beaucoup ou même dont la pointe reste tout à fait mousse. Au contraire, ouvrons le *Gil Blas*.

« Voilà mon oncle. Au reste, c'était un ecclésiastique qui ne songeait *qu'à bien vivre, c'est-à-dire qu'à faire bonne chère*.... Alors, faisant l'homme d'honneur, il me répondit qu'en intéressant sa conscience, je le prenais *par son faible*. Ce n'était pas effectivement *par son fort*, car », etc. Voilà la manière de Lesage, dès les premières pages du *Gil Blas*, et elle se retrouve jusque dans le mot de la fin : elle est même dans la *Déclaration* préliminaire. Mais citons encore pour avoir le secret du jeu.

Voici un administrateur d'hôpital qui s'est enrichi : « On dit que, dès sa jeunesse, n'ayant en vue que le bien des pauvres, *il s'y est attaché* avec un zèle infatigable ». Gil Blas devenu intendant de don Alphonse va rendre l'argent escroqué au juif Simon : « J'allai donc faire une restitution : c'était commencer le métier d'intendant par où on devrait le finir ». L'archevêque traduit en ces termes son dépit au naïf Gil Blas qui a dit son sentiment sur les homélies : « Je ne trouve point du tout mauvais que vous me disiez votre sentiment. C'est votre sentiment seul que je trouve mauvais. » Et cela ne tarit guère, et d'un bout à l'autre du *Gil Blas* coule et jase ce flot limpide de malices où se joue un rayon de fine ironie.

Parfois pourtant cette ironie confine à l'humour et ne va pas sans amertume ni sécheresse. Gil Blas nous décrivant l'autodafé et désignant les organisateurs de cette « effrayante fête » les appellera *ces bons pères* : « Tu n'as jamais vu de face si hypocrite, s'écrie Laure, quoique tu aies demeuré à l'archevêché ». En nous contant les derniers jours du duc d'Olivarès, qu'assombrissait la vision d'un spectre, son favori nous apprendra sa mort en ces termes : « Les médecins laissèrent d'abord les notaires faire leur métier, après quoi ils se disposèrent à faire le leur, en sorte qu'au bout de six jours ils réduisirent le comte à l'extrémité et le septième *ils le délivrèrent de sa vision* ». Cette manière de nous faire part de la mort *du patron* n'est-elle pas bien leste pour un homme qui se dit si triste! Mais cette verve un peu aigre est en somme relativement rare dans le *Gil Blas* où domine l'enjouement, et Lesage a soin de nous indiquer lui-même comment il entendait être loué là-dessus, quand il fait dire par le duc de Lerme à Santillane : « Tu n'écris pas seulement avec toute la netteté et la précision que je désirais, je trouve encore ton style *léger et enjoué* ».

Rien de mieux pour un roman : aucun trait n'y est perdu, même s'il passe aussi vite que celui-ci : « Arsénie abjura le théâtre et m'emmena avec elle à une belle terre qu'elle venait d'acheter auprès de Zamora, *en monnaies étrangères*.... Ce laquais paraissait fort éveillé, plus hardi qu'un page de cour, et avec cela un peu fripon. *Il me plut.* » Nous avons senti au passage le vol subtil du trait lancé obliquement, dans le dos de la victime pour ainsi dire, et en demandant pardon de la liberté grande. Ayant ensuite tout loisir d'examiner le coup, nous trouvons à en mesurer la portée une joie maligne, car nous nous croyons dans la confidence de l'auteur et nous lui savons bon gré de l'esprit qu'il nous suppose. Mais Gil Blas nous dit quelque part sur une saillie de Laure : « Il me prit une si forte envie de rire que je n'eus pas peu de peine à m'en empêcher. *J'en vins pourtant à bout.* » Ainsi de nous ; les saillies du *Gil Blas* donnent souvent une forte envie de rire, mais on n'y cède guère : on s'arrête un instant, on sourit et l'on passe, tout égayé d'ailleurs, la tête rafraîchie et l'attention tenue en haleine.

Mais au théâtre il ne suffit pas de laisser ainsi l'aiguillon dans l'esprit du public. Entraîné par le cours de l'action, le spectateur n'a pas le temps de revenir sur ses pas et de faire des raisonnements pour avoir du plaisir. Pour que le mot *porte*, il faut que le public soit averti : alors seulement la saillie de l'auteur a dans la salle un écho instantané et allume un rire unanime. La comédie exige donc un tout autre genre d'esprit que celui qui assaisonne *le Gil Blas*, où sa saveur la plus exquise est toujours un arrière-goût. A quel degré trouverons-nous cet esprit scénique chez notre auteur, et n'est-il pas à craindre, par définition, pour ainsi dire, qu'il y soit bien rare?

Et pourtant il avait en lui la source de cette verve exubérante et communicative qui triomphe à la scène. Elle ne se trouve pas souvent dans le *Gil Blas*, mais nous l'avons signalée comme une des curiosités de son *Don Quichotte*. Cherchons maintenant à voir ce qu'a produit dans son théâtre cette veine de fantaisie comique et de verve gauloise. Si nous la suivons dans le *Théâtre de la Foire*, nous serons un peu déçus. Il faut avouer qu'elle n'y produit qu'un courant de gaieté espiègle et narquoise. Elle s'y disperse en mille gentillesses de détail, et l'auteur réussit rarement à la ramasser et à la faire briller dans ces mots qu'on cite. Ce n'est pas faute d'y viser! Tous les personnages du *Théâtre de la Foire* sont plus ou moins des chercheurs d'esprit. Et certes si quelqu'un était capable de bien rencontrer ici, c'est ce Gascon dont

Lesage a fait vingt croquis délicieux de malice et de justesse. A la foire des fées où chacun fait des vœux que les bonnes dames examinent, le Gascon s'est mis sur les rangs, en chevalier :

La Fée. Apprenez-moi donc ce qui peut vous amener à la foire des fées. — *Le Chevalier.* La reconnaissance. — *La Fée.* La reconnaissance! — *Le Chevalier.* Oui. Je viens remercier les fées de toutes les perfections qu'elles m'ont données. Il faut absolument qu'elles se soient cotisées pour composer mon mérite. Je ne puis avoir été formé que par les fées! la Nature m'aurait raté.

Ajoutez l'accent et ce ne sera pas médiocrement plaisant. Mais de pareils traits sont rares, et si le Gascon y peut atteindre, Arlequin n'y arrive guère. Que dire par exemple de pareilles équivoques? « *Le Suisse.* Mlle Catin l'être ein fameuse *Caperetière.* — *Arlequin.* Une vendeuse de *câpres*? Une Épicière? » Et c'est une des meilleures, si l'on en excepte la foule de celles qui roulent sur des gravelures. Là, par exemple, ce n'est déjà plus l'enfance de l'art : mais le genre est facile en soi et il interdit du reste la citation. Passons.

Il y a bien de l'esprit dans le théâtre espagnol de Lesage, et notamment dans *César Ursin*, mais il n'y en a pas plus que dans le *Théâtre de la Foire*, et il n'y est pas plus en relief : comme dans le *Gil Blas*, il luit plus qu'il ne brille. Trouverons-nous enfin dans *Crispin rival* et dans *Turcaret* cet esprit scénique dont nous venons de constater la rareté ou l'insuffisance dans le reste de l'œuvre dramatique de notre auteur?

Nous observons d'abord que dans ces deux chefs-d'œuvre son esprit fait feu de même que dans le *Gil Blas*, c'est-à-dire par une sorte de choc en retour. Mais il y a mieux ou du moins autre chose. Déjà dans *Crispin rival*, Lesage cherche et rencontre plus d'une fois le mot qui ramasse et condense tout le comique d'un caractère ou d'une situation. Crispin se définira *un fripon honoraire*. Il dira avant Beaumarchais : « La justice est une si belle chose qu'on ne saurait trop l'acheter ». La Branche lui-même fait des mots. — « *Crispin*. Et Mme Oronte ? — *La Branche*. Une femme de vingt-cinq à soixante ans. » Il vise au calembour. — « *Valère*. Adieu, mes amis ; je me repose sur vos soins. — *La Branche*. Ayez l'esprit tranquille, monsieur. Éloignez-vous vite, *abandonnez-nous votre fortune*. » Voilà évidemment de l'esprit qui est déjà en scène, et même au bord de la rampe.

Mais arrivons à Turcaret. Frontin conte la comédie du suicide de son maître : « Mon maître donc, après avoir bien réfléchi, s'abandonne à la rage ; il demande ses pistolets. — *La Baronne à Marine*. Ses pistolets, Marine, ses pistolets ! — *Marine. Il ne se tuera point, madame, il ne se tuera point.* » Frontin continue : « Nous allons tout à l'heure prendre la poste. — *La Baronne* (*bas à Marine*). Prendre la poste, Marine ! — *Marine. Ils n'ont pas de quoi la payer.* » Pour le coup, voilà qui n'est plus *rentré*, comme on dit au théâtre, mais qui *porte*. Et ces mots de Frontin : « *La Baronne*. Mais, Frontin, vous me parlez là d'un fort joli sujet. — *Frontin.* Je vous en réponds; aussi je la destine pour l'Opéra, mais je veux auparavant qu'elle se fasse dans le monde, *car il n'en faut là que de toutes faites.* » — « Je viendrai ici *prendre possession de M. Turcaret,* mon nouveau maître! » Et toute la scène où il relève *les fautes d'attention* de M. Turcaret! Tout le monde fait des mots dans la pièce : « *La Baronne.* Vous n'êtes pas une mauvaise pratique pour les *traiteurs.* — *Le Marquis.* Non, madame, ni pour les *traitants.* N'est-ce pas, monsieur Turcaret? » Et jusqu'à Turcaret qui équivoque sur les termes, à son insu : « Nous voyons tant de gens! nous nous étudions *à prendre ce que le monde a de meilleur!* » — « Vouloir faire aux gens un crime de leur prêter sur gages! Il vaut mieux prêter sur gages que prêter sur rien. » De la bouche même de Flamand sortira le mot pour rire. « Prenez bien garde, madame, de me faire révoquer aussi. Je vous prie de plaire toujours à M. Turcaret, madame. » Et c'est ainsi, tout le long de la pièce, un crépitement de mots bien en scène, qui partent du cœur de la situation ou du fond du caractère, et dont la plupart passent la rampe, quoi qu'on en ait dit. Nous avons pu nous en assurer à de récentes reprises de *Turcaret*, et nous convaincre qu'au moins dans cette comédie, l'esprit de mots et même l'art de le porter à la scène n'ont pas manqué à Lesage.

Il a été moins heureux ailleurs et il lui est arrivé quelquefois de courir après cet esprit, sans l'atteindre. Mais il n'en a jamais perdu le goût, et nous voyons, dans le *Mélange*, qu'il tenait fort soigneusement, tout comme son *don Raphaël*, un agenda de bons mots. Avec son flair de l'actualité, il sentait là une force nouvelle, et il a voulu être un des premiers à l'employer. Il y a réussi assez bien pour sortir à son honneur de certaines comparaisons redoutables avec Voltaire ou Beaumarchais, et pour être salué comme un des princes de l'esprit dans le siècle de l'esprit.

CHAPITRE II

SA CONCEPTION DE L'ART ET DE LA VIE

I

Lesage est, par-dessus tout, curieux de la vie et de l'homme. Son dessein principal et presque unique a été d'employer tout son art à satisfaire cette curiosité, en peignant les mœurs du temps et les caractères des hommes, dans toutes les conditions. Son œuvre entière depuis *Crispin rival* jusqu'à *la Valise trouvée* n'est faite que pour servir de cadre à cette peinture. Là est l'unité fondamentale de son talent, là est le trait d'union entre ses chefs-d'œuvre et ses moindres opuscules, dès qu'il entre en possession de son originalité.

Qu'il soulève le toit des maisons avec *le Diable boiteux*; qu'il s'assoie à notre foyer dans *les Cheminées de Madrid*; qu'il nous livre le secret des correspondances dans *la Valise trouvée*; qu'après les scènes à tiroirs ou les magistrales peintures de *Crispin rival* et de *Turcaret* il prenne toutes ses aises pour faire défiler la rue entière sur la scène, à la faveur du pêle-mêle traditionnel du théâtre forain; qu'il passe des énumérations rapides du *Diable boiteux* aux dénombrements épiques de l'élastique roman de *Gil Blas*, il n'a visiblement qu'un but, qui est de varier les cadres de son ample mais unique peinture. Et s'il quitta la scène de Molière pour les tréteaux des forains, on peut affirmer que, ses autres griefs mis à part, il y fut déterminé par la multitude des cadres tout faits que lui offraient à remplir ces héritiers de la comédie italienne.

Mais les détails de ses œuvres sont aussi subordonnés que la conception générale de chacune d'elles, à ce dessein de peindre la vie de son temps et aussi l'homme de tous les temps. Sans nous arrêter aux œuvres ou aux opuscules comme *le Diable boiteux* ou *la Valise trouvée*, qui ne sont, à proprement parler, que des ouvrages à tiroirs, dont les chapitres s'étirent comme des tubes de lorgnettes, que de scènes de *Crispin rival* et de *Turcaret*, que de pages du *Gil Blas* où Lesage suspend l'action ou la narration pour faire défiler des types et des mœurs qui sont étrangers à l'une et à l'autre, pour montrer la lanterne magique en un mot! Qu'on se rappelle la scène de *Crispin rival*, qui fit école, où La Branche cherchant dans sa poche une lettre que lui demande M. Oronte, en tire plusieurs autres dont les suscriptions donnent matière à des satires de diverses professions; et cette autre dans *Turcaret*, où sont plaisamment définis les demandeurs d'un bureau de placement; et celle encore où Mme Jacob énumère et caractérise à loisir les clients de son agence matrimoniale; et enfin celle où Mme Turcaret nous peint Valogne et ses délices, et ses us et coutumes, avec des traits qui font pendant aux meilleures pages des *Grands Jours d'Auvergne*. Quant au *Gil Blas*, que de défilés analogues, et peu ou prou motivés, dans le bureau de placement du seigneur Arias, par exemple, ou dans les antichambres où Gil Blas trouve, juste à point, des *nomenclateurs* comme André Molina ou Melchior de la Ronda qui, à l'annonce de chaque visiteur, lui « dépeignent agréablement les originaux ».

Mais si la critique est en droit de reprocher à Lesage d'avoir trop souvent sacrifié le cadre au tableau, quel lecteur songe à s'en plaindre en considérant la vie et l'ampleur de ses peintures? Quel souci minutieux et tout nouveau du détail pittoresque ou simplement exact, dans tous les décors de ce vaste *théâtre du monde*, comme il aime à l'appeler, et dans les faits et gestes de tous ceux qui y figurent! Non seulement il nous fait toujours le portrait physique de ses personnages, mais il tient à nous renseigner scrupuleusement sur la manière dont ils se meuvent, s'habillent, se logent et se meublent, sur ce qu'ils mangent et sur les lieux où ils fréquentent. En un mot, il applique au roman et au théâtre dans toute sa rigueur cette loi du *costume* que Fénelon formulait alors pour l'histoire dans sa *Lettre à l'Académie*. Nous en avons multiplié les preuves en étudiant le *Gil Blas*. On en pourra glaner bien d'autres et tout aussi concluantes à travers toute son œuvre. Nous saurons par la *Critique de Turcaret* que tout Paris s'était égayé, l'hiver précédent, de la fureur d'un financier qui avait cassé des glaces chez sa princesse infidèle, tout comme le héros de la pièce. Nous y apprendrons qu'on achète ses bijoux chez Dautel, et qu'on soupe chez Fite ou chez Lamorlière. Le *Théâtre de la Foire* nous offrira une fine et continuelle satire des modes, et nous renseignera à satiété sur les parties fines qu'on fait au bois de Boulogne ou à la porte de Vincennes. Et si les marchands de liqueurs de Madrid du *Gil Blas* nous paraissent trop loin du café Procope, on pourra entrer dans ce dernier et en écouter à l'aise les habitués, dans *le Diable boiteux* ou encore dans le *Mélange*. Si l'on doute de l'identité de Voltaire, en le cherchant sous le masque de *Gabriel Triaquero*, dans *Gil Blas*, on n'hésitera pas à reconnaître l'auteur de *la Henriade* et son confrère Thiériot en entendant M. Prosne-Vers déclarer dans *le Temple de Mémoire* : « Mon illustrissime ami est le célébrissime auteur d'un élégantissime poème épique qui efface tous les poèmes passés, présents et à venir ». Quant aux détails réalistes qui relèvent et accentuent le piquant des allusions et des *actualités*, et l'exactitude du *costume*, on ne serait pas en peine d'en trouver partout qui fissent pendants à ceux du *Gil Blas*, et l'on nous tiendra quitte, quand nous aurons cité entre cent autres, aussi hautes en couleur, cette saillie du *Diable boiteux* : « Sa gorge et ses hanches sont artificielles, et il n'y a pas longtemps qu'étant allée au sermon, elle laissa tomber ses fesses dans l'auditoire ». Et que serait-ce si l'on descendait jusqu'au *Guzman d'Alfarache*, ou même si on allait chercher à rire, ce qui est très facile, parmi les gaietés scatologiques du Sancho Pança de Lesage ou de son Polichinelle forain ! Mais tenons-nous-en au *Gil Blas*, et qu'il nous suffise d'avoir prouvé qu'avant de se rencontrer dans l'histoire proprement dite, la vérité de tout *le costume* a été observée avec une fidélité scrupuleuse par celui qu'on peut bien appeler l'historien de la vie humaine.

Quelle est en effet la condition sociale et quel est le caractère humain qu'il n'ait eu l'art de faire entrer dans le *Gil Blas*, ou, pour surcroît d'information, dans *le Diable boiteux*, dans son théâtre, y compris celui de la Foire, bien entendu, et dans le vivant fouillis de ses traductions et imitations picaresques ? Gueux et financiers, artisans et grands seigneurs, aventuriers de toute provenance, de Gascogne et de Normandie, de Suisse ou du Canada, citadins et paysans, soldats et moines, petits-maîtres et ermites, auteurs et acteurs, courtisans et courtisanes, mercures et vilotières, fonctionnaires de tout rang et solliciteurs, ministres et sous-ministres, maîtres et valets, tous y jouent la comédie de la vie, à tous les âges et sur tous les théâtres.

On objecte que la psychologie de tous ces personnages, sans en excepter ceux du premier plan, manque de profondeur. Nous ne souscrivons pas à cette critique. D'abord elle est fort exagérée, et nous avons eu l'occasion de montrer par exemple la profonde habileté avec laquelle sont calculées et motivées toutes les modifications du caractère de Gil Blas, notamment sa rechute dans la troisième partie. Et comme une pareille censure prouve le peu d'attention qu'on apporte aujourd'hui à la lecture des épisodes romanesques du *Diable boiteux* et du *Gil Blas*! Sinon n'admirerait-on pas une très délicate analyse de sentiments dans *la Force de l'amitié*, ou une énergique peinture de la jalousie dans le *Zanubio* du *Diable boiteux*? N'apercevrait-on pas encore dans *le Mariage de vengeance*, ou dans la piquante aventure d'Aurore de Guzman, une foule de traits de passion et de sensibilité tout à fait dignes de rappeler, les uns *la Princesse de Clèves* ou même *Bérénice*, et les autres *le Jeu de l'amour et du hasard*? Il faut convenir néanmoins qu'auprès de la psychologie de quelques romanciers de nos jours, celle de Lesage peut paraître insuffisante au public. Et pourtant devant certains excès micrographiques de ces psychologues, où périt l'*âme du conte*, selon le mot du bon La Fontaine, tandis que s'enfle celle du héros, on serait tenté parfois d'imiter l'abbé Desfontaines qui remerciait Lesage de le sauver des analyses infinies du roman anglais et *du poison de M. de Marivaux*. D'ailleurs n'est-il pas aussi difficile de reproduire la psychologie d'un homme sain et moyen comme

Gil Blas, que celle d'un *névropathe* dont la mécanique passionnelle est déjà toute définie d'avance dans les traités de pathologie mentale? Et ne suffit-il pas enfin, pour la vérité et pour l'art, que les personnages de Lesage, engagés si avant dans la bataille de la vie, y gardent assez de tête pour raisonner leurs actes, sans perdre de temps, et c'est ce que fait Gil Blas à toutes les pages, ou encore assez de cœur pour analyser leurs sentiments sans les quintessencier, et c'est le cas de *Blanche Siffredi* et du prince *Enrique*, et d'*Aurore de Guzman* et de la plupart des héros et héroïnes de ses *nouvelles* romanesques? Ainsi cette psychologie de Lesage, qu'on trouve trop simple, ne nous paraît pas être la moindre preuve de la sincérité de son art, et sa simplicité ordinaire est une conformité de plus entre son œuvre et la vie. En tout cas, le sens de cette ample comédie aux cent actes divers est fort clair, ce qui n'en gâte ni l'intérêt ni la moralité.

II

Parvenir à l' « état d'aise », selon le mot de Frontin, à un « établissement solide », comme il est dit dans *Estévanille* et un peu partout, voilà l'idéal des héros ordinaires de Lesage, et leur conception de la vie ne va guère au delà. Pour l'atteindre, ils comptent peu sur le travail. Combien rapide et dédaigneux est le regard que jettent Asmodée et son compagnon sur ces « artisans laborieux qui s'apprêtent à gagner leur vie à la sueur de leurs corps » ! Le mérite lui-même s'ajoutant au travail n'est pas un sûr moyen de parvenir. Dès le collège, ce sont les pensionnaires qui ont les prix, au nez des pauvres externes. Plus tard, les fils de famille, comme M. de la Haye, dans *Beauchêne*, trouvent des examinateurs pour leur faire passer leurs thèses à huis clos. Aussi le pire des calculs est-il celui de vouloir primer par l'esprit, et de compter sur le produit de son Apollon pour payer son aubergiste. On ne rencontre pas toujours Arlequin en belle humeur, comme le poète famélique de *la Ceinture de Vénus*, et les pensionnés des grands seigneurs sont sujets à toutes leurs disgrâces, témoin les aventures de Fabrice et sa confession générale à l'hôpital sur la versatilité du public et la gloire d'auteur « feu de paille dont la fumée se dissipe bientôt dans les airs ». C'est « aux écoliers et aux clercs », en proie à la métromanie, que s'adresse la dernière lettre de *la Valise trouvée*, celle qui « pourrait être intitulée *l'École des auteurs* » : et elle n'est pas seulement une boutade de Lesage vieilli, un accès de ce désabusement universel que ses amis les Espagnols appellent *desengaño*, qui attrista si fort la fin de Cervantès, et dont nul ne se garde dans l'extrême vieillesse. D'ailleurs, de toutes les ambitions littéraires, la plus insensée est celle de la gloire dramatique, puisque le parterre, pour les auteurs comme pour les acteurs, « applaudit plus rarement au vrai mérite qu'au faux ». Qui compte sur son seul mérite est donc bien fou et, s'il ne l'est pas, il ne tarde guère à le devenir, comme le pauvre musicien de la *Casa de los locos*.

Que faire donc? Ruser et, bravant les galères de la Sainte-Hermandad, voler bassement avec Crispin, ou entrer, la tête haute, dans les affaires avec Turcaret? Se révolter fièrement avec Rolando et, considérant que la société est une pyramide d'intérêts telle que chacun pèse sur le voisin et le tient sous contribution, prendre le seul métier qui reste libre et faire contribuer les passants, l'escopette au poing? Se raidir et, se drapant avec dignité dans un manteau philosophique, fût-il troué, vivre de quelques oignons et d'un morceau de pain, comme le cynique du *Diable boiteux*? Se résigner, et, se terrant la nuit dans quelque cour des miracles, gueuser dès l'aube, « sous le masque de la pauvreté »? Ou enfin, se désespérer, en imitant les pauvres diables que chante lugubrement ce couplet du Théâtre de la Foire :

L'un pour terminer sa peine
Se passe une corde au cou,
Et l'autre va dans la Seine
Droit aux filets de Saint-Cloud?

Ce sont là des partis bien extrêmes. Il ne reste donc plus qu'à faire comme tout le monde, et, n'en déplaise à Diogène, « à ramper sous un autre homme ». Après avoir constaté, sans amertume, avec Gil Blas, que « la plupart des hommes sont déplacés », on se résigne à être déplacé le mieux qu'il se pourra. Le moyen d'y parvenir est aisé à définir, sinon à pratiquer, et l'hôte de Gil Blas le lui fournit, une fois pour toutes, au seuil de la carrière, en ces termes : « S'attacher à quelque grand seigneur, tâcher de se mêler de ses affaires ou d'entrer dans ses plaisirs ». Avec cette maxime et « l'art de s'accommoder aux caractères des personnes qui vous sont utiles », on est armé et l'on peut entrer hardiment dans cette bataille des intérêts qui est la vie.

Qu'elle est ardente! L'argent est ici la palme de la victoire, et comme elle passe de main en main! Les sangsues publiques, tous les financiers, voleurs des deniers du Trésor, des hospices et des communautés, sont « payeurs » chez les coquettes qui leur font rendre gorge, en les mettant « à feu et à sang », tandis qu'elles-mêmes sont dupées par des chevaliers de lansquenet. L'argent ne procure pas seulement le plaisir, il est pris par le public pour l'étalon du mérite. Il donne la noblesse, en mettant à la portée des mitrons les savonnettes à vilains; la gloire même, puisque les panégyristes la prostituent aux rois, moyennant des pensions. Il est d'un tel prix, que la plus forte marque d'amitié est de faire bourse commune, comme Arlequin et Mezzetin dans *les Eaux de Merlin*. Et encore l'amitié ne résiste-t-elle guère à cette épreuve : « Déplorable effet des biens de ce monde! » s'écrie dans *Estévanille* ce sage qui tient un registre de ses amis dont il finira par effacer tous les noms, « et qu'un philosophe a bien raison de dire que si nous voulons conserver nos amis, nous devons tous les jours prier Dieu de ne pas permettre qu'ils deviennent riches! » L'argent est la cause la plus ordinaire des brouilles : « Au prêter cousin germain, et au rendre fi le vilain! » Et parmi ceux qui prêtent, combien, comme le don Pablos du *Diable boiteux*, ne font que des restitutions déguisées : « Telles sont, pour la plupart, les actions généreuses; on se garderait bien de les admirer, si l'on en pénétrait les motifs ».

Aussi, pour conquérir l'argent, toutes les hypocrisies sont mises en œuvre, celle de la science par les médecins, celle de l'esprit par les précieux et les néologues, celle de la justice par les procureurs, celle de la noblesse par les vilains plus ou moins décrassés, sans compter les vols à main armée des Rolandos, et les escroqueries des ambidextres et des Turcarets. Et comme les places donnent l'argent, c'est autour d'elles que la bataille est le plus chaude. Ici les pires moyens sont les bons, pamphlets officiels où l'on déshonore en belles phrases deux ou trois générations d'honnêtes gens, et, du haut en bas, prostitution de tout chez tous. Le pain même de chaque jour est à ce prix, et pour que le vieux capitaine Chinchilla, qui a laissé sur les champs de bataille la moitié de son corps, obtienne de quoi nourrir l'autre, il lui faudra consentir, malgré sa grimace, à passer pour l'oncle de la Sirena, la maîtresse d'un sous-ministre, laquelle d'ailleurs prélèvera, pour ses gants, la première année de la pension du pauvre homme. Et puis à peine est-on installé dans une charge, qu'au lieu de la remplir de son mieux, on y prend pied pour se hisser à une autre meilleure. Un coup d'œil dans l'antichambre d'un ministre sur tous ces personnages « dévoués à la faveur » suffira à nous édifier :

Je vis des commandeurs et des chevaliers de Saint-Jacques et de Calatrava, qui sollicitaient des gouvernements et des vice-royautés ; des évêques, qui, ne se portant pas bien dans leurs diocèses, voulaient, seulement pour changer d'air, devenir archevêques ; et de bons pères de Saint-Dominique et de Saint-François qui demandaient humblement des évêchés. Je remarquai aussi des officiers réformés qui faisaient le même rôle qu'y avait fait ci-devant le capitaine Chinchilla, c'est-à-dire qui se morfondaient dans l'attente d'une pension.

A cette curée des places et des honneurs, ajoutez la lutte des classes qui est déjà aiguë : le noble seigneur don Mathias ne se tient pas d'aise à l'idée de contribuer à ruiner le fils d'un riche joaillier, « un de ces petits seigneurs roturiers, dit-il, qui s'imaginent qu'on les confond avec nous ». Enfin, relisez la peinture « des horreurs de la guerre » que nous fait don Joachim de Rodillas, dans *Estévanille*, avec un si amer dégoût, et vous aurez le tableau de la société tel que nous l'offre l'œuvre de Lesage.

La famille du moins est-elle plus saine? Il n'y paraît guère. Elle est viciée à la base par les mauvais mariages. Presque tous sont un calcul. Voici celui des femmes de petite bourgeoisie si l'on en croit le muletier du *Bachelier*. « Et quelles sont les raisons de la plupart des femmes? C'est qu'elles ne prennent de mari que pour s'assurer de quoi vivre; elles ont même la sotte gloire de le dire tout haut. » Du côté des hommes, se marier n'est qu'un des moyens de parvenir. Que de *coureurs de lingots*, depuis le noble à chaumière jusqu'à l'ancien laquais qui a la faveur du ministre! Pour avoir la dot, ils épousent intrépidement des douairières surannées; ils épouseraient la jeune fille à la tête noire du *Théâtre de la Foire*. Dans la fille de Salero, Gil Blas verra surtout « un beau morceau d'orfèvrerie ». Et l'orfèvre, quand il songe à la faveur dont jouit son futur gendre, ne lui fait-il pas un plaisant pendant? « Il en était si aise qu'il en avait la larme à l'œil. » Voilà pour le sentiment.

Aussi quels ménages se fondent ainsi! Le luxe de madame, les débauches de monsieur ont vite fait de les pourrir. Alors c'est la guerre sans merci, toute une vie durant, envenimée par une haine qui s'ulcère avec les années, qu'on dissimule mal aux yeux du monde, et qui finit même par éclater, en dépit de toutes les convenances, comme dans *le Tableau de mariage*. Et combien d'autres satires de ces ménages bourgeois toujours en querelle, dans tout le théâtre de Lesage, depuis *Turcaret* jusqu'aux *Amants jaloux*! Dans les ménages titrés, c'est pis. On y connaît l'usage de la poudre de succession. Voici un terrible passage d'*Estévanille* sur la baronne de Conça et sa mère : « Je suis depuis longtemps l'apothicaire de ces deux veuves : c'est moi qui ai fourni *les drogues dans les maladies dont leurs maris sont morts. Elles ont l'une et l'autre une entière confiance en moi* ». D'ailleurs, si les dames ont généralement la tête à l'évent, il y a plus d'un mari complaisant, taillé sur le patron de Guzman ou du prince dramatique Zapata, et faisant de sa digne moitié métier et marchandise. Ajoutons, pour compléter le cadre de la famille, les tuteurs pillant leurs pupilles, selon une règle que Lesage connaissait par expérience, ou mettant leurs nièces au couvent pour empocher leur dot, comme le Jérôme de *la Tête noire*; mieux valaient encore les barbons de l'ancien théâtre qui cherchent à les épouser de ruse ou de force.

On devine quelle éducation peut recevoir l'enfant dans une famille ainsi constituée. Les précepteurs sont du même acabit que le bachelier de Salamanque, ou encore que ce bachelier d'Alcala qui a eu l'honneur d'élever le capitaine de voleurs Rolando. Tantôt la complaisance des parents pour les enfants est sans bornes, et la vice-reine du *Bachelier* compte sur Blandine pour faire venir de l'esprit à son Alexis. Tantôt ils les rudoient si fort qu'ils les poussent à la révolte, et c'est l'histoire du lieutenant de Rolando. Le moindre fruit de cette éducation est l'ingratitude envers les parents. Que de sarcasmes aigres contre la force et la voix du sang dans le *Gil Blas* et ailleurs! Heureux encore les pères quand les fils se bornent à les humilier ou même à les voler; n'y en a-t-il pas un dans le *Gil Blas*, qui médite un parricide? Et quelles oraisons funèbres ils leur font quand ils attendent leur mort! « Cet animal-là, dit un des *enfants de la joie*, dans *Beauchêne*, n'est-il pas bien heureux? Il n'avait qu'un frère, qui était son aîné; le ciel l'en a délivré, il y a quatre ou cinq mois; et son père, qui pouvait vivre encore trente ans, creva la semaine dernière », etc. Et ces sentiments sur les pères et frères ne sont pas rares : « La belle oraison funèbre! » dit, en un cas tout semblable, l'écolier Leandro à Asmodée. « Oh! ma foi, reprit le diable, la plupart des pères qui sont riches et qui vivent longtemps n'en doivent point attendre une autre de leurs propres enfants. » Dans *le Diable boiteux* encore, un cadet chassant avec son aîné « a fait un heureux quiproquo » et a tué son frère en tirant sur des perdreaux; morale : « Lorsqu'un fils aîné, dit le Boiteux, possède tout le bien d'une maison, je ne lui conseille pas de chasser avec son cadet ». On le voit, nos *struggleforlifers* ont de qui tenir.

Et les filles tournent presque aussi mal, car on ne les élève guère mieux : « Quelle éducation! ah! quelle éducation! s'écrie le Damis des *Amants jaloux*. Voilà le malheur de je ne sais combien de familles. Les mères s'occupent de leurs plaisirs, et laissent ainsi leurs filles dans des mains mercenaires qui ne peuvent les façonner à la vertu, n'en ayant aucun usage. » Le résultat se devine : dans *la Foire des fées* cette « petite morveuse » de Lolotte vient demander à devenir grande tout d'un coup, pour avoir à ses trousses de jolis messieurs qui lui fassent les doux yeux, comme à sa grande sœur et à sa bonne.

Mais ce tableau de la famille et de la société serait trop noir si l'on n'en montrait les correctifs. Ils sont rares, mais suffisent à nos yeux pour empêcher Lesage d'être taxé de pessimisme. D'ailleurs leur rareté même n'est-elle pas une vérité de plus? S'il y en avait trop, ne serions-nous pas en droit de nous écrier, comme l'écolier Leandro : « Je ne croyais cela possible que dans la nature du roman où l'on peint les hommes tels qu'ils devraient être, plutôt que tels qu'ils sont » ?

Il faut donc savoir gré à Lesage, qui peignait les hommes tels qu'ils sont, d'avoir montré parmi eux des dépositaires fidèles comme l'orfèvre Salero, et des amis parfaits comme les deux héros de *la Force de l'amitié*. Il y a même dans son œuvre des obligés reconnaissants, comme le gouverneur de la prison de Ségovie ou les seigneurs de Leyva, dont la famille offre d'ailleurs des exemples de toutes les délicatesses de la vertu et du cœur. Tous les ecclésiastiques ne passent pas leur vie à courir des bénéfices, ou à faire mine d'hypocrites dans les antichambres des archevêques. Il en est qui ont « la modération et le bon caractère » du *Vanegas* d'Estévanille ou qui, comme l'évêque de *Beauchêne*, sont tout pareils à « ceux de la primitive église ». Tous les recteurs ne donnent pas l'affligeant spectacle de Guyomar, ramassé ivre mort avec son valet, et ne font pas dire : « Les honneurs, comme vous voyez, ne changent pas toujours les mœurs » ; et le don Pablo du *Diable boiteux* a dû tant à son application qu'à son esprit d'être choisi pour recteur de l'université de Salamanque. Tous les ministres n'ont pas, comme le duc de Lerme, « introduit la filouterie dans le ministère », selon le mot de Saint-Simon sur Mazarin, et l'on peut se reposer du spectacle de tant de fripons en place, en admirant avec Asmodée le beau caractère et toutes les vertus de ce « grand juge de police », qui n'est autre que d'Argenson.

A côté de ces braves gens qui ont obtenu leurs places par leurs mérites, ou qui commandent notre estime par leur honnêteté native, il ne faut pas faire fi de ceux chez qui l'honnêteté et plusieurs autres vertus sont des fruits de l'expérience, comme Gil Blas ou même comme Scipion. On saura gré à l'écolier Leandro du « sentiment de délicatesse » qui le pousse à avouer à son futur beau-père que le sauveur de sa fiancée, ce n'est pas lui, mais le Diable. Enfin ce don Pablo, qui, après avoir déterré un sac d'argent, s'en est servi, dans sa détresse, quitte à le restituer plus tard, « faisant ce que les trois quarts et demi des humains feraient aujourd'hui, en pareil cas », nous dit encore le Diable, et qui « travailla si fort sur lui, qu'il acquit toutes les vertus d'un homme de bien », n'est pas indigne de pardon.

Toutes les filles ne sont pas si mal élevées que Mlle Lolotte, et dans *Beauchêne*, la fille du marquis de Ganderon suit à la lettre, sous l'œil de son père, un assez bon programme. Il arrive même que la bonté de la nature supplée aux défauts de l'éducation, jusque chez la fille d'une comédienne ; et Lucrèce après avoir été pervertie un moment, et à grand'peine, par Laure, sa mère, entrera brusquement dans un couvent de filles pénitentes.

Enfin, comme s'il voulait achever de nous réconcilier avec l'humanité, Lesage nous présente çà et là des ménages assortis, tels que celui de don Alphonse et de la belle Séraphine, et ceux de Gil Blas, en premières et même en secondes noces. Bien plus, il y a des ménages heureux jusque dans ce *Théâtre de la Foire* où l'auteur se montre d'ordinaire si misogyne, témoin *le Mari préféré* qui corrige si délicatement l'amer pessimisme du *Tableau du mariage*.

Il nous semble qu'ainsi complétées et retouchées, cette conception et cette peinture de la vie ne dénigrent ni la société, ni la famille, ni l'individu, et que l'œuvre de Lesage, prise dans son ensemble, est, à la fois, le plus vaste et le plus fidèle miroir qui les eût encore reflétés chez les modernes.

CHAPITRE III

SA MORALE

Mais une représentation si exacte de la comédie humaine était-elle inspirée à son auteur par quelque vue supérieure à cette exactitude même? Et, pour préciser, une conception si réaliste de la vie dégage-t-elle une morale suffisamment claire et impérative? En France, moraliser était une loi de la comédie, au moins depuis Molière, et avait toujours servi de prétexte et d'excuse aux importateurs des « œuvres vertes » des picaresques espagnols. Le goût de leur clientèle pour les moralités était même si prononcé que d'Audiguier, en traduisant l'*Obrégon*, avait extrait et signalé à part celles qu'on allait goûter dans chaque chapitre de son auteur, « le Sénèque espagnol », au dire de Lesage. L'auteur du *Gil Blas* ne pouvait donc se soustraire à l'obligation de moraliser. Mais il l'entendait à sa manière, qui n'était pas celle d'Audiguier, ni d'Aleman, et différait encore plus de la manie prédicante dont La Chaussée et Diderot allaient abuser sur la scène, comme Marivaux, Richardson et Rousseau dans le roman, si bien que Gilbert s'écriera amèrement :

> La vertu qu'ils n'ont plus est toute en leur discours.

De rares « avis au lecteur » lui paraissaient suffisants. Il estimait son public assez avisé pour faire tout seul son profit du reste. Aussi purgera-t-il le *Guzman*, de ses « moralités superflues », en faisant cette déclaration qui est le fond de sa pensée là-dessus :

> Tous les romans de cette espèce, pour peu qu'ils aient de sel et de gaieté, ont ordinairement une approbation générale. D'où vient cela? c'est que les faits qu'ils contiennent sont *des tableaux de la vie civile, des portraits qui corrigent, sans qu'on s'en aperçoive, en offrant aux yeux des images qui, passant dans l'âme, y font plus d'impression que n'en pourraient faire tous les préceptes de morale.* En un mot, ils instruisent par l'exemple, et instruire ainsi, comme dit si joliment M. Dacier, c'est la fine fleur de la philosophie.

Cet éloge qu'il fait si généreusement du *Guzman* s'applique surtout à son *Gil Blas.* Les contemporains en jugeaient de même : « Dans tous les états de la vie où il place son héros, disait *le Mercure de France*, il trouve une source de préceptes très utiles et d'une saine morale. » On se montre plus difficile aujourd'hui : on ne conteste pas l'utilité de ces préceptes, mais on n'accorde pas qu'ils soient d'une morale assez saine. Nous pourrions trouver ici une belle occasion d'épiloguer sur cette délicatesse française dont Walter Scott disait qu' « elle a souvent reculé devant un moucheron et avalé un chameau » ; mais il sera plus court et plus utile d'extraire du *Gil Blas*, et aussi de toute l'œuvre de Lesage, la *fine fleur de philosophie qu'ils contiennent.*

Il y a deux morales qui se complètent l'une par l'autre et qu'il faut concilier : celle des livres d'éducation et des bons parents, qui vous exhorte « à vivre en honnête homme, à ne se point engager dans de mauvaises affaires, et, sur toutes choses, à ne pas prendre le bien d'autrui », et celle du monde qui tient en un mot : « ne pas se laisser duper ». Si l'on n'y réussit pas d'abord, il faut se consoler en songeant, comme Estévanille, qu'on a été du moins « déniaisé pour son argent ». L'essentiel est surtout de pratiquer le précepte de Fabrice, de « ne pas se laisser abattre », et de durer ainsi jusqu'à un meilleur temps. Il ne peut manquer de venir, la vie étant, comme dit le Toston du *Bachelier*, « une succession continuelle de bien, de mal, de joie et de chagrin ». Cette dernière considération est celle sur laquelle Lesage insiste le plus, dans tous ses ouvrages : elle est le fond de sa philosophie, et il en a multiplié les formules. Le premier et le plus précieux conseil que Fabrice donne à Gil Blas roule là-dessus : « Un homme d'esprit est-il dans la misère ? il attend avec patience un temps plus heureux », etc. Et le conseil ne sera point perdu : que de fois Gil Blas le ruminera : « J'avais tort de me laisser aller à la tristesse : après avoir tant de fois éprouvé que la fortune ne m'avait pas plutôt renversé qu'elle me relevait, je n'aurais dû regarder l'état fâcheux où j'étais, que comme une occasion prochaine de prospérité.... *Post nubila Phœbus* », etc. On a reconnu là cette consolante théorie de la compensation des biens et des maux dans ce monde, à laquelle Azaïs attachera son nom, et qui a été de tout temps le fond de la philosophie des hommes d'action.

Smollett remarquait que, dans le *Gil Blas*, « les passages des malheurs aux bonheurs ou à la tranquillité sont si soudains que jamais le lecteur n'a le temps de s'apitoyer, ni Gil Blas celui d'être gagné par l'affliction ». C'était un calcul de Lesage, et n'est-il pas d'accord avec l'expérience? Là est le secret de sa gaieté foncière, en dépit de toutes les traverses. Lachésis dit, dans *Une journée des Parques* : « La fantaisie peut nous prendre aujourd'hui de rendre quelque mortel heureux ». — « C'est une fantaisie que nous avons bien rarement », réplique Atropos. N'importe! Heureux qui croit l'être, comme Fabrice, et « s'accommode également du grand monde et de la retraite, de l'abondance et de la frugalité ». Et puis, comme chante Mezzetin :

S'affliger est une faiblesse....
Lorsque l'on a l'esprit joyeux
On est toujours moins misérable,
Si l'on ne saurait être heureux.

De là cette « morale enjouée » qui coule de source chez Lesage, et qu'il aimait à retrouver dans ses auteurs favoris, Lucien, Horace, Érasme avec lequel il pouvait répéter : *Admonere voluimus non mordere*. De là dans ses satires une certaine mansuétude, dont il n'excepte que les financiers et les comédiens, et qui se retrouve jusque dans son *Théâtre de la Foire*. Dans la dernière pièce qu'il ait fait jouer, étant presque septuagénaire, et qui a pour titre *le Mari préféré*, ne met-il pas en scène un mari qui paye les dettes de jeu de sa femme et s'en fait adorer, comme s'il eût voulu nous faire entendre que l'indulgence est le dernier mot de la sagesse ?

A quoi bon s'indigner d'ailleurs contre les larrons et les imposteurs de tout rang, et invectiver la fortune, si elle est souvent comparable « à une fille de condition qui s'abandonne à des valets » ? N'y a-t-il pas des sanctions en ce monde, en attendant celles de l'autre ? Gardons-nous bien de ces transports de dépit et de jalousie qui peuvent mener droit à la *casa de los locos*, et regardons à la fois avec le calme de Philinte et avec l'honnêteté d'Alceste ces pieds-plats qui se pavanent dans les palais officiels, s'oubliant comme Gil Blas, et « n'attribuant qu'à leur mérite les bienfaits dont la faveur du roi les a comblés ». Le monde n'est pas plus dupe des grimaces de « ces misérables », que de celles des comédiens « qu'il ne confond pas avec les rôles qu'ils représentent », et qu'un coup de sifflet à double carillon remet à leur place. D'ailleurs vienne une bonne disgrâce, et ministres et favoris iront cuver leur orgueil dans l'exil ou les cachots. Que d'occasions en ce monde de fredonner un des refrains favoris de l'Arlequin de Lesage : *Vivent les Gueux!* Les Turcarets ne font qu'un saut des chambres des baronnes de Porcandorf dans celles de dame Justice. Heureux quand ils trouvent encore, comme M. Millioni, à remonter en qualité de cocher sur le fiacre qui les emporta à la maison de sûreté. Enfin, pour les révoltés, comme Raphaël et Lamela, il y a l'autodafé. Et puis il y a Dieu, qui a préservé Gil Blas du scapulaire et des *carochas* de l'Inquisition, et dont notre héros reconnaît formellement la main dans ce jeu de bascule des biens et des maux. « Je n'eus pas plutôt fait cette bonne action que le ciel m'en récompensa », s'écrie-t-il sincèrement après un retour au bien.

Voilà par quels *avis au lecteur*, Lesage nous rend tout notre sang-froid pour la contemplation ou la pratique quotidienne de la vie. D'où suit une règle de conduite fort nette. Il faut d'abord « embrasser quelque honnête profession » qui nourrisse son homme. « Comment est-il avec son boulanger? » demande l'administrateur de l'hôpital, quand on lui en conte sur la gloire du poète des Asturies. L'impertinente mais sage question que celle de cet épais bourgeois! Non moins sage, hélas! est le rude bon sens du paysan Talego, disant au futur époux de sa fille Antonia : « Je veux qu'elle vous donne à souper, si vous lui donnez à dîner ». Si Antonia est belle pardessus le marché, tant mieux, mais cherchez d'autres arrhes de votre bonheur que sa beauté. Si après avoir bien gagné votre salaire dans la commune besogne, vous pouvez cueillir un bout de laurier par surcroît, n'y manquez pas. Mais ne visez jamais trop haut et répétez-vous quelquefois dans votre emploi, souvent en politique, et toujours en ménage, cette maxime d'Estévanille Gonzalez : « Il faut s'en tenir à ce qu'on a, de crainte de pis ».

Cette morale pratique vous conduira, sans trop de secousses, parmi vos devoirs les plus modestes et vos ambitions les plus légitimes, jusqu'à cette mort qui fait la balance finale des maux et des biens, comme vous le montre Asmodée, dans l'étrange chapitre *Des Tombeaux*. Devant la promenade des fantômes portant le blanc « uniforme des mânes », vous verrez comment s'efface enfin toute « subordination », et que la grandeur des plus nobles « a fini avec leurs jours, comme celle d'un héros de théâtre finit avec la pièce ». Vous sentirez alors le grand creux « des soins, des mouvements, des peines, que les pauvres mortels se donnent pendant cette vie pour remplir le plus agréablement qu'il leur est possible ce petit espace qui est entre leur naissance et leur mort ». Enfin, après vous être divertis comme il faut, du spectacle que ces pauvres mortels vous auront donné, vous tiendrez, comme l'écolier de la préface du *Gil Blas*, toute *l'âme du licencié Garcias*.

On voit donc que pour être pratique et mêler « l'utile avec l'agréable », cette morale n'en est pas moins orthodoxe. On a objecté qu'elle est infirmée, dans le *Gil Blas* et ailleurs, par la multiplicité des fripons et de leurs maximes, qui est telle qu'elle semble impliquer « une certaine approbation » pour eux. C'est faire gratuitement un bien fâcheux procès de tendance à un auteur, qui aurait au besoin pour caution de ses œuvres l'honnêteté de sa longue existence. D'ailleurs nous avons vu qu'il avait pris de sages précautions pour que Gil Blas, en dépit des inévitables promiscuités de la vie, en fût « quitte à bon marché », et ne perdît jamais tous ses droits à notre sympathie. Il y a réussi. Reynols estimait qu'au point de vue physique l'homme moyen serait un excellent modèle pour le peintre, nous ne voudrions pas forcer l'analogie en morale, et nous confesserons bien vite que l'homme moyen, incarné par Gil Blas, n'est pas l'idéal du moraliste, mais nous avons assez vécu déjà pour savoir qu'il ne calomnie pas trop l'humanité, celle des grandes villes du moins, et qu'en tout cas il l'avertit à merveille.

On reproche encore et surtout à cette même morale de manquer d'élévation et de gravité. « Qu'on va disputer ici aujourd'hui ! » s'écrie Molina, chez la marquise de Chaves, et il ajoute : « Dieu veuille que la religion ne soit pas intéressée dans la dispute ! » Il traduit là le sentiment intime de l'auteur : Dieu fait bien ce qu'il fait et foin de la métaphysique ! On en a « les oreilles infructueusement étourdies », affirme Fabrice, et elle donne la migraine à Gil Blas. Elle devait la donner aussi à Lesage. La sérénité de sa foi chrétienne le rassurait vite sur certains problèmes, et le spectacle même de la mort ne le troublait guère, comme on le voit très bien dans le chapitre *Des Tombeaux, des ombres et de la mort.* Sans doute il échappe à l'auteur quelques accents âpres, par exemple quand Asmodée « ouvre un sépulcre » afin de nous montrer « *ce qui reste* d'une fille bourgeoise qui mourut à la fleur de son âge », et pour laquelle se sont tués trois jeunes cavaliers, désespérés de sa mort. « Ce n'est plus que de la poussière », ajoute Asmodée, et ne rappelle-t-il pas un moment l'orateur sacré s'écriant, devant le tombeau de Madame : « La voilà telle que la mort nous l'a faite! » Mais ce ton ne se soutient pas, il devient aussitôt ambigu, comme celui de nos vieilles *Danses des morts.* Et dans le passage même que nous citons, Lesage se hâte bien vite, trop vite même, de quitter sa gravité tout accidentelle. Elle est vraiment macabre la gaieté de l'Écolier qui « riait de tout son cœur » devant la tragique histoire et les figures des trois suicidés. Il est vrai encore que le Frontin de *Turcaret* a un peu tort, tout en admirant « le train de la vie humaine », de déclarer au parterre que ce *ricochet de fourberies* est *le plus plaisant du monde.* Le chœur même d'Aristophane le prenait sur un ton plus grave, en s'adressant au public, et craignait davantage d'égarer son rire vengeur. Et c'est justement ce rôle du chœur antique qu'on voudrait voir rempli avec plus de vigilance dans l'œuvre de Lesage. Il faut bien avouer, par exemple, qu'Asmodée dans *le Diable boiteux*, Fabrice dans le *Gil Blas*, Arlequin dans le *Théâtre de la Foire*, et le marquis de la Tribaudière dans *Turcaret*, manquent par trop d'autorité.

Mais, de grâce, qu'on leur pardonne leur gaîté, ce fruit naturel de la croyance inébranlable de leur père très chrétien à la compensation finale des biens et des maux et à la Providence. Elle est leur plus grande vertu. Qu'on leur en sache gré, bien plutôt. Pourquoi leur reprocher si amèrement ce philosophique « parti pris de la vie humaine et de ses traverses », et de n'avoir pas le sens de « nos chères et cruelles maladies modernes »? Vive Gil Blas, s'il peut contribuer à délivrer la France nouvelle de tous ces bâtards de Jean-Jacques, qui ont *mal à l'âme*, *mal à la vie*, comme ils disent, et dont la mélancolique lignée va de Werther au Lazare de *la Joie de vivre*, en passant par les Oberman, les René, les Adolphe et le lamentable Frédéric de *l'Éducation sentimentale*. Et d'ailleurs quoi de plus vraiment français que cette morale de l'action et de la gaîté, qui fut jadis le *pantagruélisme*, la philosophie « confite en mépris des choses fortuites », et qui engendra chez le fils le plus authentique de Gil Blas, chez « le beau, le gai, l'aimable Figaro », cette hâte à « rire de tout, de peur d'être obligé d'en pleurer »? Souhaitons donc que cette saine conception de la vie telle qu'elle se dégage de l'œuvre de Lesage, garde longtemps parmi nous sa légitime influence. Elle vaut à nos yeux toutes celles que l'auteur du *Gil Blas* et de *Turcaret* a exercées par son talent d'écrivain, et dont il nous reste à parler.

CHAPITRE IV

SA POSTÉRITÉ LITTÉRAIRE

I

Écartons vite toute cette littérature parasite qui se greffe sur les chefs-d'œuvre, envers laquelle la critique est quitte après une lecture rapide, et dont il lui suffit de constater l'existence précaire. Ce sont d'abord les traductions et les adaptations qui rendent de bonne ou de mauvaise grâce à l'auteur du *Gil Blas* l'honneur qu'il avait fait à ses modèles étrangers, dans sa première manière. Passons, pour en venir plus vite à la postérité du *Gil Blas*, qui a une vie propre.

En tête de *Roderick Random*, son chef-d'œuvre, Smollett, rendant un public hommage à « l'humour et à la sagacité infinis » de l'auteur du *Gil Blas*, dans sa peinture « des ridicules et des faiblesses de la vie », ajoute : « *Je me suis modelé sur son plan* ». C'est un aveu que Marivaux aurait pu renouveler. L'idée première de son *Paysan parvenu* est empruntée au *Gil Blas*, et son roman finit juste où *Turcaret* commence, avec Jacob entrant dans la finance. Sans doute Marivaux a une psychologie singulièrement plus fine et plus nuancée que celle de Lesage, et, arrêtant son héros presque au bord de toutes les pentes sur lesquelles glisse Gil Blas, il prêche mieux d'exemple, mais au fond l'emporte-t-il tant par l'élévation morale? En tout cas, il reste au-dessous de son modèle pour le mérite de l'invention, l'étendue de l'observation, et la qualité du style. Le Jacob de Marivaux a beaucoup prêté au Tom Jones de Fielding, mais ce dernier ne doit pas moins à « ce spirituel coquin de Gil Blas », comme l'appelle à ce sujet Walter Scott, avec plus d'à-propos que d'indulgence. En désignant parmi les ancêtres du petit Benjamin, plaisant factoton de son héros, « le barbier de Bagdad et celui de don Quichotte », Fielding nous semble un peu ingrat envers Fabrice et le joyeux garçon-barbier du *Gil Blas*. Enfin, lorsqu'il revendique avec un humour si plaisant son droit aux digressions, en ces termes : « J'ai l'intention de faire dans le cours de cette histoire autant de digressions que l'occasion s'en présentera, ce dont je suis meilleur juge que pas un de ces misérables critiques », son critique et émule W. Scott a encore raison d'invoquer ici l'autorité de Lesage à côté de celle de Cervantès. On pourrait pousser loin le parallèle entre les héros picaresques du *Gil Blas* et ceux des romans anglais, depuis *Joseph Andrews* du même

Fielding, et *le colonel Jack* de Daniel de Foë, jusqu'à l'*Olivier Twist* de Dickens. Certes ce dernier s'inspire directement du *Lazarille de Tormes*, mais on relèverait encore dans les aventures de Twist, en la compagnie de Silkes et des « matois » de la Cité, assez d'analogies avec celles de Gil Blas en la compagnie de Rolando, pour prouver que Dickens avait les premiers livres du roman de Lesage sous les yeux en composant le sien.

En France, après *le Paysan parvenu*, l'influence directe du *Gil Blas* sur l'évolution du roman au dernier siècle est bien moindre et plus difficile à suivre qu'en Angleterre. En même temps qu'achève de paraître le *Gil Blas*, la vogue lui est disputée par les romans psychologiques de Marivaux et les *romans romanesques* de Prévost, comme on le voit nettement dans les articles de Desfontaines. Puis c'est le flot toujours montant des prêches moraux de Richardson, des prêches philosophiques de Voltaire, en attendant les professions d'athéisme de Diderot, et les professions de foi de Rousseau, et les contes dits *moraux* de Marmontel, et ainsi de suite jusqu'au bout du siècle, sans que Lesage ait rien à réclamer formellement dans cette foule de romans-manifestes et de moralités lubriques. N'y a-t-il pas pourtant un rapport notable entre sa conception de la vie et celle de son plus illustre détracteur, au moins dans le roman de *Candide*, dont la morale pratique est si voisine de celle du *Gil Blas*? Sa manière réaliste de peindre le monde se retrouverait d'ailleurs, tout échauffée qu'elle y est, dans *les Confessions* de Jean-Jacques. On peut l'accuser encore, si l'on veut, d'avoir, par ses malins chapitres sur les comédiennes de Madrid, suggéré les méchancetés de *la Chronique arétine*.

Enfin ce ne serait pas déshonorer le *Gil Blas* que de s'en souvenir avec le prince de Ligne, en parcourant les *Mémoires de Casanova*, ou encore les polissonneries de *Faublas*, où il y a en outre plus d'une réminiscence évidente du *Bachelier de Salamanque* et d'*Estévanille*. Ne suffirait-il pas d'ailleurs de ce nom de *Faublas* pour nous avertir que Louvet était hanté par le souvenir du héros de Lesage, comme le sera Victor Hugo quand il accolera le nom pompeux de *Ruy* à celui de *Blas*, ce diminutif picaresque de *Blaise*, pour désigner son valet-ministre, et condenser ainsi dans une sorte de calembour l'idée fondamentale de son drame?

Mais mettons le pied sur un terrain plus solide. Voici, au bout du siècle, le grand homme de la postérité de Gil Blas, celui qui en a toute la philosophie, qui répétera avec lui sur tous les tons : « Vive l'esprit! Quand on en a, on fait bien tous les personnages qu'on veut. » Ajoutez à cela la métromanie et la finesse de Fabrice, sans oublier la guitare, les rasoirs et l'humeur chantante du barbier Diégo, et vous verrez qu'outre son accoutrement, Figaro trouvait dans le *Gil Blas* les modèles de son esprit et de sa gaieté. Ne sont-ce pas ses plus belles qualités, et ne lui doit-il pas par là autant et plus qu'à l'ambitieux et caustique Crispin ? Et de quel autre descendant le père de Gil Blas eût-il été plus fier ?

Il n'eût pas désavoué non plus tous ceux que notre siècle allait lui donner. L'effrayant *Gaudet* de Restif de la Bretonne n'est qu'un Rolando qui aurait lu pêle-mêle l'*Émile*, *Jacques le Fataliste* et l'infâme *Histoire de dom B****, pour en farcir cette cynique tirade du livre III, où il découvre à Gil Blas le fond de son âme. Et son Édouard est un Gil Blas qui se laisserait persuader par ce brigand ainsi *perverti*, si on peut dire. On reconnaîtra ensuite la même paire d'aventuriers, un peu moins cyniques, mais tout aussi redoutables, dans le Vautrin et le Rastignac de *la Comédie humaine*, cette transcription romantique du roman de Gil Blas. Dès lors tous deux font école, Rastignac surtout. Les voilà encore très reconnaissables dans la caricature minuscule qu'en fait l'ironique auteur de *l'Éducation sentimentale*. Deslauriers conseille à Frédéric de devenir l'amant de la riche Mme Dambreuse, et comme l'autre se récrie : « Mais je te dis là des choses classiques, il me semble ? Rappelle-toi Rastignac dans *la Comédie humaine*! » Deslauriers a raison, c'est classique : demandez plutôt à Montpavon et à tous nos modernes « professeurs de débauche », comme les appelait notre auteur, et à leurs élèves, *les petits féroces*, les *struggleforlifers*, les Fauchery et les Paul Astier, dont nous avons vu de si authentiques prototypes un peu partout, dans l'œuvre de Lesage, depuis les petits-maîtres du *Gil Blas* jusqu'aux « enfants de la joie » du *Beauchêne*. Mais que n'y a-t-il pas dans les romans de Lesage ? N'y trouve-t-on pas jusqu'à *la Famille Cardinal*, et n'y est-elle pas peinte, deux fois au moins, dans le *Gil Blas* et dans *le Bachelier*, avec une naïveté narquoise qui est frappée au même coin que celle de son moderne historiographe ? Et de fait, quels sont — les ouvriers et les paysans exceptés — les types de nos romans de mœurs, plus ou moins réalistes, dont on ne puisse montrer des ancêtres authentiques dans le *Gil Blas* et, au besoin, dans *le Diable boiteux*, *le Bachelier*, *Beauchêne* ou *Estévanille Gonzalez* ?

Et que d'évidentes conformités entre la conception de l'art chez l'auteur du *Gil Blas* et chez tous ceux de nos romanciers qui se sont piqués de mettre en œuvre « des documents humains », des « canevas de traits remarquables » comme en demandait Restif de la Bretonne à ses correspondants mondains ! Ces conformités sautent aux yeux, dès le fatras des préfaces où Restif se déclare simplement « l'historien de ses personnages », et dans l'énorme fumier de ses romans, où l'on trouve çà et là des perles, comme les lettres de Fanchon, avec une sorte de caricature des petits défauts et des grandes qualités de tout le réalisme de Lesage ; dans *le Paysan perverti* par exemple, cette imitation pessimiste du *Paysan parvenu*, lequel était lui-même une imitation un peu optimiste de ce *Gil Blas* qui est si près d'être adéquat à la vie. D'ailleurs, à l'exemple de son illustre devancier, Restif était allé d'instinct retremper son réalisme dans la vieille source du *Quévédisme*, comme le prouve curieusement sa traduction libre du *Gran Tacano*. Mais nous pouvons heureusement nous dispenser d'interroger davantage le *Rousseau du ruisseau*, pour nous en rapporter, sur cette question d'influence, à l'épique historien des Rougon-Macquart, au théoricien du « roman expérimental ». Il déclare nettement, quand on l'interroge là-dessus, avoir conçu et exécuté en partie son épopée naturaliste, alors qu'il n'avait encore rien lu de Restif, mais il ne fait aucune difficulté de saluer dans le *Gil Blas* un des livres qui ont le plus influé, dès la première heure, sur l'orientation de son robuste talent. Un hommage si décisif, dans l'espèce, nous dispense de tout autre argument,

II

La postérité de *Turcaret* n'est ni moins nombreuse ni moins illustre que celle de *Gil Blas*, et sa filiation est beaucoup plus facile à établir. Avec la même hâte et la même suffisance qu'il avait mises à porter *le Diable boiteux* à la scène, mais avec plus de bonheur, Dancourt, dès 1710, visa à compléter *Turcaret*, en développant, dans ses *Agioteurs*, ces « mystères des affaires » que Lesage avait volontairement abrégés. *Arlequin Traitant* fut ensuite un hommage remarquable de d'Orneval à son maître et ami. Et puis,

— comme si la question d'argent, ainsi posée, avait semblé trop grave à la comédie du XVIIIe siècle —, après le malin *Belphégor* de Legrand (1721), *Turcaret* cesse brusquement de provoquer des copies, car peut-on le reconnaître dans l'anodin séducteur du *Triomphe de Plutus*, ou dans le benêt Jaquin du *Triomphe de l'Intérêt*, ou encore dans le bourgeois du *Glorieux* qui fait sonner haut le million d'écus dont il est « seigneur suzerain », mais qui borne son faste à bâtir, son libertinage à vouloir mettre Lisette dans ses meubles, et son insolence à appeler son noble gendre « mon cher garçon », exactement comme M. Poirier, et avec le même succès? Turcaret est plus reconnaissable dans le Morand des *Mœurs du jour* de Collin d'Harleville, où Basset rappelle d'ailleurs M. Rafle; il l'est surtout dans le *Duhautcours* de Picard, et encore, si l'on veut, dans le *Piffart* des *Actionnaires* de Scribe.

Mais, à dire vrai, la postérité de *Turcaret* commence avec *Robert Macaire*, qui a d'ailleurs lu le *Gil Blas*, témoin la scène plaisante où, s'approchant du bourgeois qu'il veut voler, il dit, le pistolet au poing : « Ah! mettons-y des formes,... Monsieur! » Avec son inséparable Bertrand, il fait un plaisant pendant au couple de Turcaret et de M. Rafle, et Lesage les eût accueillis l'un et l'autre avec une joie toute paternelle sur son théâtre forain. Il n'eût même pas fait fi de M. Gogo qui, renouvelé du Clairénet des *Actionnaires*, symbolise à merveille les dupes de Turcaret, et notamment le serrurier auquel ce dernier *fait le plaisir* « de prendre au denier quatorze cinq mille francs amassés par son travail et par ses épargnes ». Balzac s'empare ensuite de ces vivantes caricatures, dans son *Faiseur*, et nous rend Turcaret dans Mercadet, comme il avait ressaisi Gil Blas à travers l'*Edmond* de Restif. Sans doute ce Turcaret de sa façon est démesurément enflé et un peu confus, comme tous ses héros, mais il pose avec une singulière ampleur « la question d'argent » qui va désormais s'imposer à la scène moderne. Il joue déjà en maître de la publicité du journalisme pour mettre en actions jusqu'au blanchissage. Il fonde l'apologie de l'usure sur la nécessité du capital, avec une effronterie spirituelle, l'usurier n'étant selon lui qu' « un capitaliste qui se fait sa part d'avance ». En affaires on a le droit d'être habile jusqu'au bout, et « pourvu qu'on s'arrête jusqu'au code, si le succès arrive !.... » Il tire et montre une pièce de cinq francs avec cette saillie : « Voici l'honneur moderne ». En un mot, il veut être « le Napoléon des affaires ». Aussi quel dédain pour les Frontins qui n'ont pas su recueillir, comme lui, la succession de Turcaret : « Ce garçon-là, déclame-t-il, est un demi-Frontin, car aujourd'hui ceux qui sont des Frontins tout entiers deviennent des maîtres. Nos parvenus d'aujourd'hui sont des Sganarelles sans place qui se sont mis en maison chez la France. » C'est en ces termes qu'il salue le règne de Frontin, qu'annonçait le dénouement de *Turcaret*.

Il disait vrai et prophétisait encore mieux, du

moins si l'on en croit les mordantes comédies où l'on peut suivre les modernes incarnations de Turcaret, sous l'influence directe de son prototype, depuis Verdier, le « loup-cervier » des *Aristocraties* qui deviendra baron du Saint-Empire. *Le Capitaliste* pour tenter George, dans *l'Honneur et l'Argent*, lui dira :

L'argent, mon cher, l'argent, c'est la seule puissance;
On a quelque respect encore pour la naissance,
Pour le talent fort peu, point pour la probité.

Et pour soulager son indignation, c'est à Lesage que George en appellera :

Salut, ô Turcaret! salut, ô parasite!
Qui souris des bons mots que Turcaret débite,...
Nous comprenons l'esprit positif de l'époque....

Et devant cet *esprit positif*, l'autre va s'incliner, et dans *la Bourse* nous verrons des poètes et des journalistes évoluer autour de Turcaret pour grappiller à sa suite :

La prime a transformé Turcaret en Mécène,

y déclare le financier Simonnet. Enfin, dans *les Effrontés*, nous assisterons à une formidable coalition que Balzac avait prévue, mais qui eût exaspéré Lesage. L'esprit et l'argent y scellent leur alliance sous la forme du journalisme, aux dépens de qui il appartiendra, et les *Paganinis du journal* vont faire la parade pour *les banquistes*, sous les yeux naïfs de M. Gogo. « Ils achètent un journal comme nous achetions un régiment », constate d'Auberive, ce marquis de la Tribaudière qui a fini de rire.

Mais quoi ! il y a beau temps que les parchemins ont fait litière aux sacs d'écus. Ce n'est plus chez des baronnes douteuses que Turcaret a ses grandes et petites entrées :

> La prime ! devant elle il n'est point d'inhumaine....
> La prime tenant lieu d'antique parchemin
> Vous ouvre à deux battants le faubourg Saint-Germain,

s'écrie encore Simonnet. On ne déguise même plus la bassesse de son extraction, comme Turcaret, et bien loin d'en rougir devant les fils des marquis dont on a été les laquais, on en fait un titre de plus à l'insolence. Jean Giraud de *la Question d'argent* rappellera avec affectation à René de Charzay que son père fut jardinier au château de Charzay. Ils tiennent à leurs noms, nos Turcarets, et c'est encore, selon la remarque du marquis d'Aubérive, « un trait de l'aristocratie financière ». Le Simonnet de *la Bourse* refusera même, comme trop cher, un duc qui offrait son nom pour le mettre en tête des prospectus. Insiste-t-on,

> Ah ! nous ne sommes plus alors des Turcarets !

riposte-t-il, narquois. Hélas ! non, mais quelle revanche pour Turcaret ! Voici même qu'au lieu d'acheter l'esprit, les descendants de Turcaret commencent aussi à être en fonds de ce côté. Balardier, par exemple, dans *Ceinture dorée*, n'aurait pas besoin de M. Gloutonneau pour tourner des quatrains qui ne prêteraient pas à rire. Et Jean Giraud qui dit : « Les affaires, c'est bien simple, c'est l'argent des autres », a tout l'esprit de Frontin, celui qui manquait à Turcaret. C'est que la « routine » dont ce dernier entretient Frontin confidentiellement ne suffirait plus en affaires.

Mais que lui manque-t-il donc à Frontin-Turcaret? La considération, la vraie, l'estime publique, celle que les Deux Mondes refusaient hier encore à un « roi de l'or », et non celle qui ouvre les salons d'une clientèle aussi besogneuse que titrée à M. Simonnet. « On ne l'achète pas, on l'obtient », disait noblement un personnage de *la Considération*; nos Turcarets sont d'un autre avis. Les uns ont là-dessus un cynisme effronté, comme Vernouillet ou Jean Giraud, d'autres un cynisme candide, comme le Roussel de *Ceinture dorée* qui constate, avec étonnement, que cette considération dont il est avide « se dérobe sous lui ». On l'étonne même beaucoup en lui disant qu'on attaque l'*origine de sa fortune* : « C'est bien vague », répond-il. Il a perdu jusqu'à la conscience de ses voleries; du moins, en cas pareil, le Millioni de Lesage répondait : « Nos richesses nous ressemblent, elles sont sans origine ». Donc, pour achever le règne de Frontin sur la scène, il lui faut la considération, comme aux parvenus de jadis il fallait un blason. La savonnette à vilain sera ici la vieille honnêteté d'une famille où il s'introduira par ruse ou par force. Jean Giraud de *la Question d'argent*, Valette du *Duc Job* ont été repoussés, mais patience! « L'argent est la seule puissance qu'on ne discute jamais », disait Giraud un peu trop tôt et visant trop haut. Mais viendra le vieux Teissier des *Corbeaux* qui, plus sage, se contentera de la jeunesse de Marie, et l'épousera, aidé de maître Bourdon, son Rafle. Voilà le vieux coquin, cette dernière incarnation de Turcaret, qui se croit alors blasonné d'honnêteté, et déclare avec l'impudence de son ancêtre, quand il allait donner à la tête de sa compagnie l'exclusion à des pieds-plats : « Vous êtes entourée de fripons, mon enfant, depuis la mort de votre père ». Le fils de Teissier et de Marie jouira d'une certaine considération, et, plus heureux que Giraud, il pourra mener à l'autel, la tête haute, Élisa de Roncourt, à moins que de la Brive, qui commençait à se dire *socialiste*, *communiste* même, dès *Mercadet*, ne vienne le barrer. C'est bien possible : ne l'entendons-nous pas crier sus à *Turcaret*, tous les jours, et faire de ce nom sa plus cruelle injure, tant il sonne haut encore, après deux siècles et sept ou huit révolutions! Faisons des vœux cependant pour que le fils de Giboyer réalise le rêve de son père, qui était aussi celui de Lesage, en face des insolences de Turcaret, et suscite la seule « aristocratie du mérite ».

On voit en tout cas que la postérité de *Turcaret* n'est pas près de s'éteindre. Mais ce n'est pas seulement par son personnage principal que le chef-d'œuvre dramatique de Lesage a influé sur notre comédie de mœurs. Elle y trouve l'exemple d'une autre de ses plus grandes hardiesses. A côté de la tyrannie de l'argent, on y voit poindre la puissance de la fille, qui allait s'installer bientôt sur le trône même. Dans cette baronne au douaire douteux qui plume M. Turcaret, et dans ce chevalier de lansquenet qui fait mine de l'y aider, et ne vise qu'à tirer pied ou aile de sa complice, *l'Aventurière*, *la baronne d'Ange* et *Monsieur Alphonse* peuvent saluer leurs ancêtres.

Enfin une dernière curiosité de *Turcaret*, et non la moindre, est dans les analogies frappantes qu'offre la constitution de cette pièce avec la poétique du théâtre réaliste de nos jours. On sait avec quel sans-gêne ces hardis novateurs hachent menu leur action, à coups de rideau, pour ainsi dire, remplaçant les actes traditionnels par une quantité de scènes cloisonnées; combien ils se préoccupent de l'entière réalité des décors, du langage et des mœurs, ne reculant ni devant l'argot ni devant l'ordure; combien peu ils se soucient de prendre parti dans la pièce, sous le masque d'un personnage toujours raisonnable ou nettement sympathique; quel soin ils ont de conserver à chacun de leurs héros une individualité concrète, bien définie par son tempérament physiologique et psychologique, et par toutes les caractéristiques de sa condition sociale; comment enfin ils se croient quittes envers l'art et envers le public, quand ils ont réussi à mettre en scène « des croquades de mœurs », selon l'expression des auteurs de *Germinie Lacerteux*, ou, comme on a dit depuis eux, « des tranches de vie ». Eh bien, n'y a-t-il pas un peu de tout cela en germe dans *Turcaret*? N'avons-nous pas eu à faire des remarques expresses sur un certain laisser-aller dans la conduite de l'action; sur une négligence jusque-là sans exemple, dans la comédie classique, relativement aux entrées et aux sorties; sur une véritable indifférence touchant le sort ultérieur des personnages, que nous partageons avec l'auteur au point de ne pas nous demander ce que deviendra Turcaret; sur les crudités des mœurs; et, par-dessus tout, sur une préoccupation visible de nous présenter le héros de la pièce bien défini par sa profession, par ses moindres goûts en meubles, en viande, en poésie et en musique, par sa sœur et par sa femme, par ses origines et par ses entours, tout autrement individualisé, en un mot, que ne l'avaient été les personnages analogues de Molière, tels que Harpagon, Harpin, M. Jourdain ou Tartuffe lui-même? Et n'est-ce pas précisément sur ces dérogations à la tradition que portèrent les censures du temps, si bien qu'en lisant *la Critique de Turcaret* on croirait entendre les critiques conservateurs des saines traditions, au lendemain de telle ou telle pièce du Théâtre-Libre, où, au lieu de nous servir à point un dénouement bien cuit, comme dit Musset, on nous aurait offert quelques *tranches de vie* trop crues? Et c'est ainsi qu'en vertu de sa conception réaliste de l'art, et par un bizarre effet des révolutions des genres, Lesage se trouve être, au théâtre comme dans le roman, le plus moderne des classiques, et le patron incontestable des audaces du réalisme contemporain.

Auprès de cet honneur et de cette responsabilité,

on pourra trouver bien mince le mérite qu'eut son théâtre forain de ressusciter et presque de créer un genre, en naturalisant la farce italo-gauloise, en préparant les voies à Panard, à Favart, à Vadé, à Sedaine, à Beaumarchais, et à tous nos modernes et charmants auteurs de cette foule bigarrée d'opéras-comiques et bouffes, d'opérettes, de saynètes, de féeries, de turqueries et de parodies, qui vont de *la Dame blanche* et de *la Belle Hélène* au *Klephte* et à *Miss Helyett*, en passant par *Orphée aux enfers*, *la Belle au bois dormant*, *la Mère Angot*, *l'Œil crevé*, *le Petit Faust* et *les Cloches de Corneville*, sans oublier la renaissance actuelle et si vivace de la vieille chanson et du vaudeville toujours malin. Pourtant ce mérite n'est pas négligeable, aux yeux de quiconque aime l'esprit français et voudra savoir ses petites obligations envers le Breton Lesage. On sait les grandes. L'esprit de Lesage, dans *Turcaret* surtout, n'est plus seulement la naïveté de Molière aiguisée par Regnard. L'arme est d'une trempe plus dure. Forgée à nouveau par Montesquieu et Diderot, aiguisée par Marivaux, Piron, Chamfort, et deux ou trois douzaines de femmes d'esprit, empoisonnée par Rivarol et maniée par Beaumarchais, elle sera vraiment l'*outil universel* dont il est question dans le *Gil Blas*, et servira à une besogne qui eût fait hésiter Lesage. Et pourtant c'est lui qui, en faisant crier très haut par Frontin, au dénouement de *Turcaret*, et répéter maintes fois par Gil Blas : « Vive l'esprit! » avait donné au nouveau siècle son mot d'ordre.

CONCLUSION

Tel nous apparaît Alain-René Lesage, dans son existence, dans son œuvre et dans sa postérité littéraire. Il eut une bonhomie et une adresse toutes bourgeoises, dans l'emploi de son talent comme dans la conduite de sa vie. Il chercha le bonheur à son foyer domestique, dans la pratique discrète de ses devoirs de chef de famille et d'ami, et il ne demanda au monde et aux tripots littéraires que des modèles vivants pour ses livres et des plastrons pour sa verve. Il est le premier écrivain français qui ait résolu le problème de vivre de sa plume avec honnêteté et indépendance. Il fit deux parts de son talent, dont il dépensait l'une tout autant qu'il le fallait pour nourrir l'autre. Il eut ainsi le loisir de consulter longtemps son esprit et ses forces, de choisir ses modèles dans les littératures anciennes et modernes, et surtout dans le grand livre du monde, d'évoluer lentement de l'imitation vers l'originalité, en passant, avec une prudence méthodique et une extraordinaire souplesse, par toutes les phases de la traduction et de l'adaptation, et enfin, osant être lui-même, d'écrire pour la postérité.

Elle lui doit le premier roman et la première comédie de mœurs qui méritent le nom de chefs-d'œuvre. Il s'y est montré à la fois l'héritier direct de Molière et l'évident précurseur de tous les novateurs réalistes de ce siècle. On peut estimer sans doute qu'en lui le penseur fut médiocre, le psychologue un peu superficiel, et l'artiste trop simple, mais n'a-t-il pas été tout ce qu'il a voulu être, c'est-à-dire un observateur des mœurs, un peintre de la vie et, sans fracas de théorie, un praticien du réalisme à peu près parfaits? N'est-il pas sûr enfin de vivre à jamais dans la mémoire des hommes, avec les noms de Gil Blas et de Turcaret, aussi clairs et aussi populaires que ceux de Panurge, de Tartuffe et de Figaro? Non content de divertir sans cesse, d'instruire beaucoup, et de corriger un peu les hommes de son temps et de tous les temps, par ses deux chefs-d'œuvre, il a aussi mêlé pour eux l'utile à l'agréable, dans des œuvres secondaires, dont aucune n'est indigne d'arrêter peu ou prou les regards de la postérité. Que de *documents humains* l'auteur du *Diable boiteux* et du *Théâtre de la Foire* a mis en œuvre avec une verve souvent exquise! Que de contributions il a apportées partout à cette science de l'homme, de l'*être ondoyant et divers*, du *monstre incompréhensible*, qui est aujourd'hui pour la littérature une ambition plus haute que l'art même! Que de titres enfin à être un des patrons du journalisme contemporain et, à vrai dire, l'Homère du *naturalisme* dont il devrait être plus souvent le modèle!

N'oublions pas en effet que s'il nous paraît aujourd'hui le plus moderne des classiques, par sa notation minutieuse des mœurs et par son tour d'esprit, il est d'abord un classique de race par la probité de tout son talent et particulièrement de son style. C'est même et surtout pour avoir manié la langue, avec autant de respect que d'aisance et de verve, jusque dans les rares excès de son réalisme, que l'auteur du *Gil Blas* et de *Turcaret* a droit à être placé parmi les grands écrivains français, dans le groupe de ces auteurs qu'il appelle « naturels », à une distance très honorable de Molière qui en est le centre. La postérité lui a assez souvent marchandé cette place, pour que nous ayons cru devoir faire ressortir ses moindres titres à l'occuper.

En sollicitant ainsi une part de l'attention du lecteur pour des opuscules d'un goût suranné ou pour d'obscures questions d'origine, et en multipliant les citations au besoin, nous visions bien moins à faire œuvre de science que de conscience. D'ailleurs l'auteur des deux chefs-d'œuvre où apparaît si clairement la valeur des menus faits pour l'histoire de l'homme moral, ne semblait-il pas commander pour celle de son esprit une exactitude minutieuse? N'y avait-il pas là enfin un hommage à rendre à sa doctrine littéraire, et peut-être un nouveau moyen de servir sa gloire?

BIBLIOGRAPHIE

La meilleure édition des œuvres de Lesage — et non de *le Sage*, car sa signature autographe est nettement : *Lesage*, en un mot — est celle de Renouard, en 12 vol., Paris, 1821, précédée de la notice de J.-J.-B. Audiffret.

Cette édition se complète par *le Théâtre de la Foire*, Paris, Gandouin, 1737, 10 vol. Les pièces foraines inédites de Lesage sont à la Bibliothèque nationale, Manuscrits, fonds français, n°s 9314 et 25 476. *Arlequin colonel*, visé p. 42, vient en outre d'être retrouvé et publié par M. Léo Claretie, l'auteur de *Lesage romancier*, dans *la Revue* (*Littérature et critique*), n^os du 25 avril 1892 sqq. — La curieuse préface signalée p. 29 se trouve dans l'ouvrage intitulé : *le Théâtre espagnol ou les meilleures comédies des plus fameux auteurs espagnols*, qui est coté Yg 2 720 à la Bibliothèque nationale.

On lira d'ailleurs utilement : *Gil Blas* dans l'édition Lefèvre, Paris, 1820, 3 vol., avec un *Examen préliminaire* de la *Question de Gil Blas* et des notes par le Cte de Neufchâteau qui fut très probablement secondé par Victor Hugo, au moins pour l'*Examen* ; — *le Diable boiteux* dans l'édition Lemerre, Paris, 1878, 2 vol., avec une notice de M. Anatole France.

On trouvera aisément des textes suffisants de toutes les œuvres espagnoles énumérées au cours de cet ouvrage, dans la collection Rivadeneyra des *Auteurs espagnols*. La traduction des *Relations de Marc d'Obregon* par d'Audiguier, à laquelle on renvoie p. 85, est à l'Arsenal, cotée 17 710. Là aussi sont, sous la cote 17 582 BL, avec d'importantes notes de la main de M. de Paulmy sur Lesage (t. I et VII, sur les gardes), ces suites de *Don Quichotte* auxquelles il est fait allusion p. 36.

ICONOGRAPHIE

Nous reproduisons le portrait de Lesage par J.-B. Guélard — né en 1719, selon Basan etc., — d'après *L'Europe illustre* d'Ordieuvre (Paris, 1755, t. V, n° 247). Convaincu *de visu* du manque d'authenticité des autres portraits connus de Lesage, il nous a été facile de ne pas nous laisser séduire par l'exécution d'un ou deux d'entre eux.

TABLE DES MATIÈRES

Coulommiers. — Imp. Paul Brodard.

www.ingramcontent.com/pod-product-compliance
Ingram Content Group UK Ltd.
Pitfield, Milton Keynes, MK11 3LW, UK
UKHW020244180726
13839UKWH00001B/164